Ensuyt le bestiaire Damours: moralise sur les Bestes & Oyseaulx. Le tout par figure et histoire. Imprime nouuellement a Paris.

Le singe · La taulpe

Le pellican · Larondelle

Lescorpion · Le basilicque

On les vend a paris en la rue neufue
nostre dame a lenseigne de Lescu de france

www.ingramcontent.com/pod-product-compliance
Lightning Source LLC
LaVergne TN
LVHW022158080426
835511LV00008B/1459

Lacteur

Amours a qui ie doy hommaige
De voulente et de couraige
Sans iamais nul iour me desmettre
Me semont den faire la lettre
Si lamprendray moult voulentiers
Comme cil qui est siens tout entiers
Puis quil luy plaist et il scait
Il fault que se face sans plait
Et ne me doit grever en rien
Puis que suis ligement sien
De faire son commandement
Parquoy ie dois plus hardiment
Mettre cueur et corps et pensee
A faire puis qui luy agree
Son commandement sans eslongne
Et laisse toute aultre besongne
Ne doit point estre grief
Or me doint dieu mener a chief
Leste oeuure que ie doy emprendre
Si bien quil ny ait que reprendre
De villannie ne douttraige
Quenuie qui de duel enrage
Quant elle oyt aucun bien retraire
Ney puisse rien a droit retraire
Et que dieu me doint celle grace
Que puisse plaire en toute place
A la meilleur qui soit en vie
Lest a ma dame et amye
A qui nul ne sapareille
Ainsi comme la rose vermeille
Est plus belle que toute fleur
Aussi est elle en doulceur
Sur toutes les femmes du monde
Tant comme il dure a la ronde
Pour elle ay empris cest affaire
Qui est appelle bestiaire
Damours il est nomme a droit
Lar il y a raison et droyt
☞ Ung chascun veult sante auoir

Mais nul ne peult trestout scauoir
Si pourroit bien estre sceues
Toutes choses et recongneues
Chascun scet et bien le conuient
Mais chascun scet a souuent aduient
Ne scet laultre et par contraires
Tout est sceu en telles manieres
Que chascun en scet en droit soy
Mais nully ne scet tout par soy
De tout ensemble est tout sceu
Mais si comme iay appercen
Tous ensemble ne viuent mie
Aucuns perdent souuent la vie
Nul homme ne scauoir ne pourroye
Aucune science a droit
Se nestoit par les anciens
Qui sont viuans dicelluy temps
Lar lung a laultre si la dit
Ou sont redigez par escript
☞ Dieu qui sur toute creature
Homme aima tant que sa figure
Et a sa forme le forma
A lhomme vne vertu donna
Pourquoy il peult ramenteuoir
Les faictz trespassez et scauoir
Par similitude et semblance
Comme silz fussent en presence
Leste vertu est appellee
Memoire ou a double entree
Si les entrees voulez scauoir
Lest par ouir et par veoir
Chascune entree vng chemin a
Par ou len peult venir la
Parolle est le chemin doulx
Et painture est de veoir
Lar par parolle et par painture
Peult aller homme droicte allure
Au lieu de memoire demeure
Par scauoir peult garder en sheure
Lar memoire qui garde et seure
Les tresors que homme peult conquerre
Par moyen de subtille

A.ii.

Les faictz qui ont pieca este
Faict venir en remembrement
Comme si leur estoient en commencent
Et comme chascun peult scauoir
Par ouir et aussi par veoir
Peult bien les faitz qui passez sont
Ramenteuoir ain si que font
Par les ramener a memoire
Car quant len voit paint vne histoire
Qui est des faictz aux cheualiers
On voit leurs faitz aussi entiers
Com silz fussent aussi entiers
Montez a cheual promptement
Car quant on oyt vng rommant lire
Qui est dancienne matiere
Lon oyt ce que pieca fut faict
Comme ce fut maintenant fait
Et puis qua ouir et veoir sont
Membrer les faictz qui passez sont
Je puis bien dire chose voire
Que par eulx vient on memoire
Dame simple plaisant et belle
Dame qui en cueur lestincelle
Le mestier du feu tresardent
Qui ma nature en regardant
Si trefort que ie ne pourroye
A nul iour guarir de la playe
Aumoins que dessus la poincture
Napetisse la couuerture
Pleust il a dieu le roy de gloire
Que ie fusse en vostre memoire
Comme vous estes en la moye
Pource cest escript vous enuoye
En painture ou parolles a
Lest escript vous ramentura
En vostre doulx souuenement
Quant ie ne seray le present
Bien vous deura de moy membrer
Seul pour vostre nom remembrer
Si vous diray en quel maniere
Qui prendroit la lettre priere
Dung nom et dune diction

Et la signification
En nom donneroit a la lettre
Et pour le nom la vouldroyt mettre
La lettre quil vous nommeroit
Cueur doulx surnommoit me pourroye
Pource ay ie plus mon surnom
Nommer que ie ne fais mon nom
Non pource en mes nom ny pert rien
Ains amende ce scay ie bien
Du vostre qui le scet entendre
Du vostre peult len se mienprendre
Car la lettre qui est derriere
Pourroit faire le mien entiere
Bien ont enclos de toutes pars
Mais noms le vostre a droit esgars
Au chief derriere lencloft mon nom
Et au chief deuant mon surnom
Nul me pourroit nommer pour rien
Vostre nom sans prendre du mien
Ne le mien ne diroit len mye
Sans du vostre ma douce amie
Plus fussiez kies sii vous pleust
Que noz cueurs lung en lautre feust
Moult auroye deduit et ioye
En lescript que ie vous enuoye
Il est vray quil ya painture
Et parolle car escripture
Est faicte affin quon la lise
Qui la lettre lit et deuise
De parolle a sens et nature
Dautre part il ya painture
Car qui la lettre ne paindroye
Jamais la lettre ne seroit
Et cy sont paintes les figures
Des bestes selon leur natures
La matiere est moult agreable
Et la premiere delectable
Grant peine et grant cure y ay myse
Onc main par moy ne fut emprise
Oeuure de si haulte matiere
Moult crains que ne peusset souffire
Mes sens a la mener a fin

Car trop me sens de foible engin
Ianusse, prins la hardiesse
Ne en moy conceu tel proesse
De tel pris et de tel affaire
Se force ne me leust fait faire
Force voire force damour
Qui mesguillonne nuit et iour
Comme celuy qui suis si en sige
Ma contraint commence: or prige
Quiconques lira cest ouuraige
En maluueillance ne la preigne
Den prendre oeuure de si hault pris
Ie ne lay pas orgueil empris
Mais pour amours et pour ma dame
Qui des dames est fleur et lame
Pour son pris et pour son valleur
A sa louenge et son honneur
Ay ie empris ce bestiaire
Qui grant partie nous esclaire
Par sa nature et ses amours
Des bestes et oyseaulx damours
Et des douleurs aux fins amans
Et des faulx les deceuemens
Et des medisans la follie
Qui vont controuuant menterie
Pour les fins amans for iuger
Chascun pourra pour soy iuger
Et de soymesmes pourra veoir
Que ie le fais mon vouloir
Et a nul si nen peut chaloir
Et aussi ne sen doit doulloir
Or vueil commencer ma matiere
Qui moult mest plaisant a escripre
Pour mes mains vng peu deporter
Mais trop me fait desconforter
Le rossignol par sa nature
Qui tant met son entente et cure
A chanter pour le temps serain
Du doulx moys de may sur le rain
Et tant se delecte en tant
Que sur le rain meurt en chantant

¶ Le rossignol qui mert en chantant

¶ La mort du rossignol meffroye
Car ie crains que ne me foruoye
De cest oeuure que iay emprinse
Pource que me plaist lentreprinse
Et que si vouentiers la fais
Aussi que ie ne fis oncques mais
Oeuure qui tant fust delectable
Si plaisante ne agreable
Ie crains quil ne me desauiengne
Pour le cigne qui donne enseigne
De sa mort par son beau chanter
Cest qui me fait espouenter

¶ Le cigne qui cha ne contre sa mort

¶ Le cigne a la voix fort belle
Car il nest herpe ne vielle
Psalterion ne simphonie
Ne nulle douce melodie
Qui tant soit plaisant a ouir
Ne qui tant face resiouir
Ceulx qui ont escoute sa voix
Mais on ne loyt ne sune foys
Chanter a si grant melodie
Iusques quil doit perdre la vie
Sa mort designe en bien chanter
Si que chascun qui soit chanter
Iuge quil est pres de sa mort
Certes ce mespouente fort

A.iii.

La nature qui est au cigne
Que en chantant sa mort designe
Je crains trop que mal ne me viegne
Pour certain onc ne fut besongne
Qui de beaulte fut la pareille
Certes ce sera grant merueille
Se ie meurs faisant ce dictier
Soit de moy gre ou mon ennuyez
Que ce soit mal a moy aduis
Homme enroue si ne peult braire
Quelque chose quon luy peult faire
Et se voulez scauoir pourquoy
Le loup a tel nature en soy
Que se vng homme le peult veoir
Auant quil puisse apperceuoir
Le loup par force et hardement
Mais se le loup premierement
Le peult veoir auant quil soit veu
De lhomme aussi ne apperceu
Il luy conuiendra enrouer
Tel nature peult len trouuer
En lamour dhomme et de femme
Car sil aduient quaucune dame
Descueuure premierement
De samour et a hardement
De se conduire et force perdue
Puis que lhomme aura delle sceue
Lamour qui pour soy la destraint
Mais amour lhomme a ce contraint

Et lors commence a senrouer
Le loup ma premierement veu
Cest ma chere amie qui a sceu
Mon vouloir premier que du sien
Me fusse enquis par nul moyen
Et si luy fis damour prier
Pour ce me dit elle premier
Pour ce ay ie la voix perdue
Cest crainte qui me tient en mue
Vers ma dame que tant me doubte
Pour cela ie crains moult et doubte
Que de cela ne viengne a chef
Car ie ne suis pas sain du chief
Mais daultre part ie me conforte
Quil nest nulle chose tant forte
Quon me puisse a fin mener
Mais que on sen veult pener
Puis quil conuient me entremettre
Il me fauldra donc peine mettre
A lacheuer par viue force
Et quia ce faire ie mefforce
Comme le coq qui se contraint
De iour et de nuict se scet maint
Quant plus chante vers la vespree
De nuit vers laube adiournee
Tant chante plus a haulte voix
Le coq et plus souuent effors
Tant plus la minuit sapreste
Plus chante tard et plus sengresse

Le loup qui fait enrouer lhom-
me quant il le voit premier

Le coq qui chante plus voulenti-
ers a minuit qua nulle heure

Qui son cueur descueuure en apert
Premier a sa mie il pert
Quil luy conuient premier prier

A heure ou a nuict et iour ensemble
Signifie comme il semble
Lamour ou est bonne esperance

Consequemment desesperance
Mais lheure ou il na point de iour
Si nous signifie lamour
En quoy il nya nul espoir
Dayde ou de mercy auoir
Et pource que desesperance
Plus fort voix que esperance na
Le coq sefforce a plus grant peine
De chanter a plus forte alaine
Vers minuyt que a la vespree
Du plus que vers laube adiournee
¶ Quant luy qui desespere daide
Ait voix plus forte que cil qui cuyde
Auoir mercy pour sa requeste
Ie le preuue par ceste beste
Qui trop rechigne horriblement
Lest onagres qui aultrement
Est appelle beste sauuage
¶ Quant onagres meurt de faim
Et il ne treuue herbe ne foing
Ne riens pour sa fin aleger
Quil endure et fait enrager
Desespere et plain dangoisse
Pour la grant fain qui fort loppresse
Il brait si treseffroyement
Que tout se rompt ne aultrement
homme ne lorra si fort braire
Sengoisse de fain ne luy fait faire
Quant desesperance a tel force
Nest merueille selle mefforce
    ¶ Lasne sauluage qui rechine
    quant il a faim

¶ Mercy querre et guarison
Dois celle qui ma en prison

Saulcunement la puisse trouuer
Tant ma fait le lou enrouer
Se iay femme acomparagee
Au loup ne vous merueillez mie
Car len peult par quelque moyen
Comparager le mal au bien
Encor ya mainte nature
Pourquoy len peult femme a droiture
Comparer au loup ce me semble
A nulle beste ne ressemble
Le loup a le col tousiours droit
Ne pour rien ne le flechiroit
¶ Lautre nature est moult fiere
Ia le loup pres de sa louuiere
Ne fera mal pour nul besoing
Ains va querir sa proye loing
La tierce ne lairray ie mie
si le loup entre en bergerie
Il y entre bien coyement
Mais sil aduient aulcune ment
Que aulcun rain soubz son pied brise
Qui face bruit si fait iustice
Aux dens du pied qui se a faict
Les trois natures a en soy
Femme si vous diray pourquoy

    ¶ Le loup q̃ va querir sa proye
    loing de sa louuiere et mort son
    pied quant il fait noise

¶ La femme ne peult faire don
De son cueur a quelque mignon
Nomplus que le loup se peult tourner
La femme si ne peult tourner
Son cueur a deux amys auoir
Sel ayme bien sans deceuoir

Se la femme a samour donnee
A ung homme qui luy agree
Selle layme du cueur sans faintise
Plus sera de samour esprise
quant sera eslongnee de luy
que selle estoit avecques luy
Ainsi com le loup a plus chere
La proye loing de sa louviere
Mais selon la tierce maniere
Se la femme a langue legiere
De parolle et tant aille avant
Que lhomme saille apperceuant
Quelle soit de son amour esprise
De soymesme elle fait esprise
Par parolles moult sagement
Et cuevre moult subtillement
Ce dont descouverte sestoit
En ce que trop parle avoit
Et seet bien enquerre daultruy
Quel ne veult que saiche de luy
Et lhomme quelle voit enlace
En sonamour tient elle au pie
Et luy est par semblant trop fiere
Si est courtoise en maniere
Vers celuy qui de rien ne layme
Et fait semblant quelle le craigne
¶La Viure est de tel nature
Sil advient que par adventure
Que la Viure aulcun homme voit
Sans Vesture et que tout nud soit
Et ne luy fait mal ne ennuy
Ains le fait et a paour de luy
Sil est Vestu elle luy court sus
Le deuore et le met ius

¶La Viure qui tue lhomme Ves-
tu et a paour du nud

A lhomme qui a telz amye
Qui a en elle son cueur mys
A celuy court la femme sur
Et des parolles le deuore
Lhomme nud a signifiance
De la premiere acointance
Damours et samour confermee
Est au vestu comparagee
Car tout ainsi que lhomme naist
Sans vestemens et si se vest
Quant lhomme est en aage venu
Ainsi est lhomme damour nu
Mais au premier commencement
Que lhomme se va confermant
Et aux liens damours se lye
Et comme le nud ne craint mye
La Viure ne ses cruelz mours
Aussi ne doubte il riens amours
Ne de riens nest a luy subiect
Cil quamours na prins en soy quit
Mais cil qui damours est esprins
Est esbahy et entreprins
Si craint autant com le Vestu
Qui soubz la Viure est convaincu
Et son penser descouvrir nose
Car il craint trop de dire chose
Qui a sa mere luy despleust
Et endommager ne le peust
Ainsi est prins et attrappe
Comme le singe est entrappe
¶Le singe est melencolieux
Plain dengin et semilleux
Si ne voit rien a lhomme faire
Que il ne vueille contrefaire
Donecques le veneur qui le chasse
Subtillement enc in pourchasse
Parquoy il se puisse entreprendre
Car par force il ne le peult prendre
Que trop est la beste diverse
Au lieu ou le singe converse
Vient le veneur et se deschausse
Voyant le singe et se reschausse

Le singe de ceste prent garde
Et quil sen aille trop luy tarde
Et se pense sil sen alloit
Que voulentiers contreferoit
Ce que le veneur fait ya
Lors il sen va et laisse la
Ung souliers faitz a la mesure
Du singe et puis grant alleure
Sen va pres dillecques tappir
Et le singe qui a desir
Et voulente de contrefaire
Ce quil a veu au veneur faire
Prent les souliers et si les chausse
Mais na loisir qui les deschausse
Et le veneur qui est la prest
Luy court sus sans luy faire arrest
Et lors il ne sen peult fouyr
Ne sur arbre ne peult rampir
Pour les souliers quil na apris
Ainsi est il trompe et prins

    Le singe qui chausse des
    souliers

Ceste derniere raison
Conferme la comparaison
De lhomme nud q signifie
Le compaignon qui nayme mye
Et le vestu quest fin amant
Qui du cueur ayme loyaument
Car tout ainsi que lhomme nu
Ne doubte cil qui est vestu
La vivre ne ses cruelz motz
Aussi ne doubte riens amours
Cil qui ny est point enlice
Ne le singe sil nest chausse

Ne doubte en rien le veneur
Aussi ie ne doubtoy amour
Tant quil a mis en garnison
Mon cueur en sa doulce prison
Et a vostre doulx cueur disoye
Mon penser quant poy vous doubtoye
Ne aussi nestiez desdaigneuse
Vers moy ne fiere ne greveuse
Doulcement a moy parliez
Sans que de moy doubte eussiez
Maintenant va bien autrement
Quant amours a gouvernement
Ie nose dire mon plaisir
Namours ne me laisse taisir
Ie crains amours sur toute rien
Comme celuy qui tout est sien
Trop me fait la vivre douloir
Trop me met en grant desespoir
Sa cruaulte et sa maniere
Qua lhomme vestu est trop fiere
Et loccist par sa cruaulte
Ie crains que ne faciez autre
De moy belle tresdoulce amye
Que vostre fierte ne moccie
De tel mort que amour convient
Mais une pensee me vient
Qui au cueur me donne couraige
Que tant estes courtoise et saige
Franche doulce et debonnaire
Que ne prendriez exemplaire
A la vivre na son malice
Mais du corbeau ferez loffice
De tant comme le corbeau voit
Ses poussins blancs sans plume croyt
Que ce ne soye mye les siens
Si ne leur veult faire nulz biens
Ne ia par luy ne mengeront
Ne par luy nourris ne seront
Et ne vivent fors de rousee
Mais quant la plume ont recouvree
Et la noire le blanc respond
Qua leur pere semblables sont
Lors les nourrist et fait des biens

B.ii

Car lors il scet bien quilz sont siens
¶ Le corbeau q̄ ne veult nourrir ses
poulcins tant comme ilz sont blacz.

A voſtre amour et cher tenir
Auſſi me deuez vous nourrir
Puis que je porte tel torment
Pour voſtre amour com vray amāt
Et mieulx vo⁹ deueroit eſmouuoir
Le corbeau a mercy auoir
De moy qui voſtre amour deſire
Que la viure de moy occire
Si vous diray raiſon pourquoy
Le corbeau a encor en ſoy
Vne aultre nature greignour
Et qui plus retrait a amour
Quant il trouue mort aulcun corps
Premier luy traict du ceruel hors
La ceruelle parmy les yeulx
Ceſt la choſe quil ayme mieulx
    ¶ Le corbeau q̄ mēge la cerueł
     le de lhōme mort.

¶ Quant plus entraicte plus entraict
Auſſi dis is que amours fait
Car au premier acointement
Prent lhomme par loeil ſubtillement
Ne ia lhomme ſurpris ne fuſt
Damours ſe regarde neuſt
Leſte pour quamours ſurpris la

Et par ce dis ie que amours a
Du lyon ſemblable nature
¶ Sil aduient par aduenture
Que le lyon tienne ſa proye
Et aulcun homme menger luy voye
Lhomme en ſoy porte ſeigneuriage
Pource quil eſt fait a lym̄ige
Et a la forme du ſauueur
Du monde a le lyon peur
De lhomme et ſa face reſſoigne
Mais pource que il a vergoigne
Dauoir peur car trop eſt fiers
Trop oultrageux trop bōbanciers
A lhomme court maintenant ſore
Et par ſa fierte le deuore
Ne ia nul mal il ne luy fiſt
Si en mengeant il ne le viſt
    ¶ Le lyon qui occiſt lhōe quant
     il le voit menger ſa proye.

¶ Donc eſt par ſes yeulx mort lhōme
Quant par eulx occiſt le lyon
Et amours lhomme par loeil prent
Quant a cel regarder ſe prent
Qui beaulte a aymer le trait
Et le corbeau par les yeulx trait
La ceruelle hors du cerueau
Entant amours par le corbeau
La ceruelle ſens ſignifie
Car ſi comme leſprit de vie
Donne a lhomme mouuement
Et au cueur ſon hebergement
Auſſi la chaleur de nature
Qui a lhomme nourriture
Prent ſon hebergement au foye
Auſſi le ſens que dire on oye

Qui donne a lhomme entendement
A au cerueil hebergement
Dont maintenant ouy auez
Dung fol qui est escerueles
Amours par loeil homme toult
Sens et scauoir des aussi tost
Comme en ses liens on lace
En regardant la belle face
La bonte et la courtoisie
De celle dont amours le lye
Ne il ne peust aide auoir
De son sens ne de son scauoir
Car tant plus a sens plus en pert
Tout ce len doit bien en appert
Que quant ung amant est plus saige
Tant est il plus esprins de raige
Bien apperceut par salomon
Et par virgille se fist mon
ypocras et par aristote
Amours les plus saiges assote
Contre amour ne peut homme auoir
Vertu ne force ne auoir
Vaincre amour ne peut hercules
Sanson fortain ne achiles
Tous ceulx damours furent espris
Par amours nul sachez ne doit
Celle pour quamours ne decoit
Ne cuides pas que ie vous dye
Quaucun ne puisse auoir amye
Sans veoir en chemin ne en voye
Homs vne femme ains quil la voye
Si que bien aimer la pourra
Pour les biens que dire on orra
Aincoisquil ait oncques veue
Mais le deffault dicelle veue
Restour loreille en oyant
Le donc les yeulx sont non voyant
Loreille aux yeulx du cueur enseigne
En ce dont les yeulx mont enseigne
Mais quāt loreille aux yeulx sacorde
Plus le lace amours en sa corde
Pour ce dis ie que amours semble

Au corbeau si que il me semble
Et nature ceste conferme
Que plus doit estre la femme ferme
A aymer son loyal amant
Puis quel porte enseignement
De son amour et la vesture
Selon la premiere nature
Du corbeau que selon la viure
Que mieulx deueroit le corbin suiure
Et aimer celle qui desire
Que la viure pour luy occire
Ainsi croy ie que vous ferez
Franche courtoise me serez
Quant vous serez que il y a mis
En vous mō cueur cōtre vostre amis
Ne ie puis croire a nul heure
Que dame de si piteux cueur
Print exemple a la maniere
De la ville cruelle et fiere
Non ferez vous dame ie croy
Aincois aurez mercy de moy
Si ainsi maintes dames font
Qui franches et courtoises sont
A leurs amis et debonnaires
Mais plusieurs sont q̄ sont contraires
A leurs amis et dangereuses
Felonneuses et orgueilleuses
Ne pour loy autres riens ne font
Mais la viure si contrefont
Car mieulx aiment les hommes nus
De leur amour que le vestus
Et ceulx cruellement dient
Qui daimer loiaument les prient

En ce ressemble la mustelle
Car sa nature si est telle
Quelle part loreille concoit
Et au temps faonner doit
Par la bouche rent ses faons
¶ La mustelle qui faonne par
la bouche
¶ Ainsi font ilz car se nulz home

Fait a vne dame priere
Qui doulcement samour requiere
Et sa priere et sa requeste
Et elle est du liurer preste
Et se deliure moult briement
Par la bouche naturellement
Et se met en quatre parolle
Na cure quoy ne luy parolle
De celuy dont mestier luy seroit
Et qui ia de bien luy feroit
⁋ En ce la mustelle le resemble
Qui pour a que on ne luy emble
Ses faons quant elle les a
Elle les emporte dela
Ou il ont este enfante
Ailleurs pour estre a sauuete

⁋ La mustelle qui emporte ses fa
ons de la ou il ont este enfantez

C Este derniere nature
Me desconforte a desmesure
Car ie crains se damours na proye
Que vous nentrez en nostre voye
Et que ne me vueillez ouir
De ce que iay plus grant desir
Ne me vueillez ma maladie
Guerir belle et douce amie

Car adoncques sans nul ressort
Me pourroit on iuger pour mort
Com cil qui est en maladie
Que la calendre ne veult mye
Regarder droit emmy le vis
Cha scun endure mal enuis

D A calendre est vng blanc oiseau
A merueille noble et beau
Tel vertu et tel seigneurie
Que homs qui gist en maladie
Si peut auoir vraye espreuue
Selon le seigne quil treuue
En loysel guarir pourra
De tel mal ou se il mourra
Se la calendre droit regarde
Son vis le mallade na garde
Quil meure de celuy voiaige
Mais si luy tourne le visaige
Si quil ne vueil enuis veoir
Il na de viure nul espoir

⁋ La calendre qui demonstre la
mort de lhomme ou la guarison
par sa veue.

A O tel est de ma malladie
Belle tres doulce chere amie
Car se vous me voulez voir
Du mal qui tant me fait douloir
Et vous ayez mercy de moy
Je gariray si com ie croy
Dame et se vous ne me veez
En pitie sachez et creez
Vous mauez comme la choison
Dont ie mourray sans guerison
De la mort de desesperance
Ainsi com il na recouurance

En la mort aussi na il mye
Aucune esperance de vie
En la mort ou il nae spoir
De nesune mercy avoir
Donc mavez vous la mort donnee
Dame si en serez blasmee
Car cause serez de ma mort
Comme la femme qui en dort
Lhomme a sa voix melodieuse
Puis loccist comme sedicieuse
¶ Troys manieres sont de seraines
Dont les deux ont forme humaines
Des le nombril iusques amont
Et formes de poissons ont
Lautre moytie forme doysel
Et semblance de forme autel
Et toutes chantent plaisamment
Et moult melodieusement
Lune harpe lautre en busine
Lautre en droycte voix feminine
Et est leur chant si agreable
Si plaisant et si delectable
Que nul onc chanter ne les oyt
Quilz ne sendormoient ou quil soit
Plus pres de seraines venir
Pour mieulx leur melodie ouir
Quant pres delle si sendort
Et ne prent garde de sa mort
Quant de son chant melodieux
Endormy soccist maintenant
Dont elle fait grant mesprison
Quant elle loccist en trahison
Et grant coulpe y a celuy homme
Et donc se ainsi meurs ma dame

Et moy et vous y aurons blasme
¶ Les seraines qui endorment lhom
me en leur chant parmy le cueur
Mes pource que ie ne vueil mye
Sur vous mettre doulce amye
Le blasme sur vous le mettray
Et si vous en decouperay
Si diray que mourray occis
Et encor ne fusse ie pris
A vous car premierement
Quant me parlastes doucement
Je me peusse estre prins garde
¶ Cest ung serpent de si malaire
Que nul ne lose au blasme traire
Tant quon len le voye briller
Donc cil qui y veult approchier
Le faict endormir par mestier
A force de grant melodie
¶ Mes le serpent de sa nature
A tant de sens et percepteur
Quant il oit le son retentir
Dont len le veult fair endormir
Il sa sourdist sans plus attendre
Pource quil ne puisse attendre
Car lune oreille emple de boe
Et en lautre coute sa coe
Ainsi noyt pas la melodie
Et ainsi ne sen dort il mye
Si ie me fusse ainsi garny
Ne me fusse ainsi endormy
Mais pource que ne me garday
A pou de peine y allay
Mendormy la seraine au chant
Cest asse avoir son aument

Vostre doulx acointement
    ⁋ Aspic qui garde blasme
    et sourdist quelle ne sendorme
Puis que ainsi me suis endormy
Dieu me gart dauoir tel ennuy
Com cil qui la seraine entoit
Et puis en dormant si le mort

Nest pas merueille se suis pris
Quant a vous ouir ie me pris
Car la par les yeulx prins estoye
De lors que regarde auoye
Vostre gent corps vostre visage
Qui me fait muer le courage
Et iacoit ce que vous fussiez
Mais belle bien pris mussiez
A la voix de vostre acointance
Car voix si a si grant puissance
Que elle execute mainte choses
Que sans vous fussent enuieuses
Car iacoit ce que merle soit
Lung des plus laiz oyseaulx qui soyt
Et ne chante que deux moys entiers
Si le garde on plus voulentiers
Que len ne fait ung autre oysel
Pour son chant delectable et bel

    ⁋ Le merle que len garde
    pour son beau chant.

⁋ Encore a voix plus grant force
Car mercure par voix sefforce
Restorer le greigneur couraige
De beste vient qui le sache
Toutes bestes qui sont viuans
Vsent de cinq naturelz sens

De veoir ouir et de flairier
Et de gouster et de couchier
Et quant aucune creature
Fault a lune des cinq cens creature
Restore au mieulx quelle peult
Par vne autre car bien y le peult
Dont il aduient que nul ne voit
Si cler comme sil qui goutte noit
Ne nulz homs nest si cler oyans
Comme cil qui est non voyans
Ainsi restore le deffault
Nature se vng des autres fault
Par vng autre selon son pouoir
Mais sur tous les sens est veoir
Le meilleur et le plus puissant
Car des choses est congnoissant.

⁋ De cest restore le dommaige
Na cure par voix comme saige
Et par ce chascun peut scauoir
Par icelle apperceuoir
Par la taulpe qui point ne voit
Mais en lieu de ce si cler oyt
Que riens ne la pourroit surprendre
Que elle ne se peut entendre
Pourquoy son en yssist ou voix
Se qui luy est donne par voix
Luy deffault de veoir en nature
Car nul viuant creature
Noit si cler comme la taulpe oit
De ce aduient que taulpe soit
Vne des cinq bestes du mont
Que trestoutes surmonte ont
Les autres de lung des cinq ceus
Bien est a chose apparsans
En la taulpe qui si cler oyt
Ne nul aultre si cler voit
Comme lune cest chose sceue
Que les murs passe ou sa veue
Singes en soustelement goustant
Va toutes choses surmontant
Liraigne en souef acouchier

Et le Voultour en bien fleurer
Car fleurer scait bien la charongne
De bien trois grans iournees desloigne

¶ La taulpe a encore seigneurie
Tel que plusieurs bestes nont mye
Car elle prent nourrissement
Et vit dung tout seullement
Quatre elemens sont dont le monde
Est compasse tout a la ronde
Terre et eaue et air et feu
Qui est assis par dessus eulx
De ces quatre ensemble est nourrie
Toute chose qui est en vie
Les quatre qui nourrissement
Prengnent de lung des elemens
La taulpe vit de terre pure

¶ La taulpe vit de pure terre

¶ Et vous dy que la salmandre
De feu pur doit sa vie prendre
Salmandre est ung serpent
Qui ne vit fors en feu ardant
Ne ne craint fors que le feu larde
Peu fault quil ne semble lesarde

¶ La salmandre qui ne vit fors
que de feu.

¶ Le hareng prent deaue nourriture
Le harens qui de pure eaue vit

Le plouuier dair pour sa pasture
acit aB Hoc.e. de alimentis pupilla vtit
cta.ibi condicit et quasi vento viu.

Le plouuier qui vit de lair

Quamours qui aueugle et rassote
Ceulx qui sont attendant a soy
Ma si surprins que ie ne voy
Ne ne scay mon mal ne mon bien
Ne ie ne me delecte en rien
Fors quen parfond penser damours
Lest mon delit et mon recours
Mes mains y treuuent fondement
Quant plus pense parfondement
Ie ne puis tant penser parfons
Quauenir puisse iusquau fons
Aussi ne peult la tauspesfaire
La de soy trou ne scaura te dire
Tant terre que terre ne truisse
Et que tousiours tratre ne puisse

Ie suis hareng qui vit de mer
Ie ne prens riens que bon amer
Cest ma vie cest ma pasture

Ne ie nay autre nourriture
Ne ie ne puis ailleurs penser
Ainsi comme leaue sans cesser
Court contre val sans cesser
Aussi ne puis ie aduenir
Pour nulle rien a ce que iaye
De bon amour deduyt ne ioye
Ien ay sa saulce et lamertume
Ien ay se tourment et lescume
Mais toustours mesloigne et fuyt
Damours la ioye et le deduyt
¶ Je suis plouuier qui vit de lair
Iay ma cure et mon vouloir
En bonne amour quailleurs ne bee
Ne ie ne puis qua la vollee
Auoir riens damours qui me plaise
Si ien ay vng iour ioye et ayse
De vaine pensee volaige
Ien ay cent en dueil et dommaige
¶ Je ressemble a la salmandre
Car ie ne puis ailleurs entendre
En amours qui membrase et art
Ne ie ne puis trouuer nul art
Dont ce feu ie peusse estaindre
Le feu me fait paillir et taindre
Et mes douleurs retrograder
Mais ie ne les puis euader
¶ Celles especialitez
A la talpe que ouy auez
Donques par lune est esprouuee
Force de voix et confermee
Mais iacoit ce quil soit encore
Que nature par voix restaure
Le deffault des yeulx en oyant
A faire ouyr le non voyant
¶ Si nest ce pas si grant merueille
Com de ce quelle rappareille
Par soy la deffaulte doye
Pour qui la voix fut establie
Et a qui mesmes voix sert
Com par les oyes appert
Si a len trouue en lescripture
Dedans les liures de nature
Les mouschettes nont pas oye
Mais voix a tant de seignorie
Quelle restaure le deffault
Riens ne peult faire mais que voix
Et peult len veoir maintes fois
Quant lessain yst de la besanne
Et sesgare len le ramaine
Et fait len seoir sur le rain
Au timbre et au son de lartain
Iacoit ce que ouye leur faille
Que trop parfaicte ordonnance
Vous est merueilleuse puissance
¶ Les mouschettes que len fait
asseoit au son de lairain

Encore a voix tant de pouoir
Quelle peult courage mouuoir
Dont les saiges qui voix eurent
Diuersitez de chantz trouuerent
Que en diuers chantz ilz chantoyent
Lung au temps que ilz le notoyent
Lautre chantoient pour les mors
Quāt vng de leurs amys estoit mors
Lautre que pour dieu len chantoit
Lil des notes si doulx estoit
Et si beaulx que nul ne louyst
Que le cueur ne luy resiouyst
Et lautre chant que len disoit
Aux mors les cueurs attendrissoit
Si que nul si dur cueur neust
Que de plorer il ne se meust
Le chant quon chantoit a leglise
Pour dieu fut fait en telle deuise
Quil ne faisoit les gens trop ayses
Ne depitie trop a malaises

Puis que voix a telle force en luy
Nest pas merueille se print suy
A la doulce voix de ma dame
Car nest pas voix com dautre féme
Ains est la plus debonnaire
Que oncques nature sceust faire
Que des lheure que ie le vy
Le iour quelle eut plus dennuy
Et plus courroux au mien espoir
Et que ie la vis plus douloir
Quelle ne fist puis par auant
Mappella elle doulcement
Du nom que plus ie destroye
Sur toutes choses la voye
Car plus belle au parler briefuement
Du monde par mon iugement
Dont ne fisse pas grant merueille
quant ainsi nous ayde loreille
Car mieulx ie fus prins a la voix
que nest la tigre au mirouer
¶La tigre nest point tant courcee
Pour ses faons ne forcenee
quant le veneur les en emporte
quau mirouer ne se conforte
Selle le treuue si oublie
Son yre et sa forcenerie
Car celle se delecte tant
En sa grant beaulte remirant
quelle en oublie sa douleur
Et laisse aller le veneur
Dont le veneur subtillement
Plusieurs mirouers ou chemin
En lieu que le tigre les voit
Affin quelle si amusoit
que la tigre ainsi si desuoye

¶La tigre qui samuse au mirouer
quelle treuue en sa voye
¶Le veneur qui ainsi chassoye
Cest amours que ie despitoye
Ma aduance ce nest aduis
A la beaulte et au cler vis
De la plus belle a ma deuise
qui soit dicy iusqua venise
¶Lung temps mauoyt en vain chasse
Amours qui mont fort trauaille
De moy faire obeir a soy
Mais il nauoit pouoir sur moy
Non plus que antula ne craint riens
Le veneur quasi peine riens
Jusques elle aux tigres prise
Aussi me mist en sa iustice
Amours iusquesa ce que iay veu celle
qui ma au cueur mys lestincelle
¶Antula quen ynde conuerse
Une beste fiere et diuerse
Forte et ysnelle pour aller
Si tost comme oysel peult voller
quant quelle attaint tresperce rompt
O deux cornes quelle a au front
Plus fors que na ne cerfz ne tors
Ne nul ne la peult prendre au corps
Mais pres de france a vne plaine
De menues vergettes plaine
La sen va esbatre antula
Aucuneffois quant beau temps a
Aux verges se ioue et esbat
Tant que ses cornes y embat
Et les cornes qui sont crochues
Sattachent aux verges menues
Si que despendre ne se peult
quant prinse est eschapper ne peult
Et quelle ne sen peult despendre
Si la vient le veneur prendre
Puis soccist et met a martire
    ¶Antula qui se pent par les cor
    nes aux verges et le veneur la
    vient occire.

L.iij

Au tel puis ie bien de moy dire
Car tant com iay ferme couraige
Damour fouyr et son seruaige
Et iay sens et acettrepture
De veoir raison et droicture
Onc ne me peut a ce mener
Amour tant sey sceust il pener
que ie feisse pour luy rien
Car ie ne se doubte en rien
Ne il nauoit sur moy vertu
Mais quant ie me fus esbatu
En la plaine ou les verges sont
Cest la belle que tout le mont
Doit aymer seruir et louer
Et ie commencay a iouer
Des cornes aux verges menues
Cest a dire quant apperceues
Iay ses bonnes meurs sa maniere
Ses yeulx son vis sa belle chere
Et la coynulte du corps delle
Dont la veoir tant me sembloit belle
Tant me pleut tant me delectay
Que mon cueur en elle boutay
Comme celle que iayme et pris
Cest par le cueur et par les yeulx
Oncques antula ne fut mi culp
Prins que moy sans point me deffendre
Si me vint le dieu damours prendre
Qui long temps mauoit poursuyuy
Onc ne m.auoit aconsuiuy
Quen la corde me peust retraire
Puis or ney puis mon cueur distraire
Que toustours ne pense a la gente
Dont se penser trop me tourmente

La grant beaulte de son visage
Me fist muer tout le couraige
Des lors que au premier leu veue
Ainsi comme laigle change et mue
Ses vieilles plumes au soleil
Ma il fait muer mon orgueil
Et changer ma vieille pensee
Maintenant que iay abaissee
Sa beaulte sa belle facture
Laigle si est de tel nature
Car quant la vieillesse largue
Et le temps que voire tient mue
La fait en jeunesse venir
Car elle veult reconuenir
Et mettre ius ses vieilles ailles
Et reprendre plumes nouuelles
Si volte tant quelle peult hault
Vers le soleil tant que le chault
Qui la surprent de toute part
Toute sa plume brusle et art
Et pour la clarte du soleil
Ses yeulx sont tant clers que merueil
Quant ses pennes luy sont faillies
Que pour la chaleur sont brouyes
Si ne se peult tenir amont
Ains chet et tresbusche en vng mont
En vne eaue quelle a choisie
Ains quelle soit si aotacie

¶ Laigle qui se laisse cheoir en leaue pour renouueller ses pennes.

¶ Ainsi laigle ieune deuient
Et la ieune plume luy vient
Le grant orgueil voulente fiere
Aduenu mest en telle maniere

Mauoit si esleue le cueur
Que ie ne cuidasse a nul feur
Que len trouuast deca la mer
Dame que daignast amer
Mais quant amour qui tout allume
Meut eschauffe et art ma plume
Cest a dire oste moy orgueil
Et la grant clarte du soleil
Meut fait amiable la Beue
Cest a dire que quant ieu Beue
La belle ou iay mis mesperance
Qui me troubla ma pourueance
Ie me peulx en hault tenir
Si me conuient embas Benir
Et Biney leaue trebucher
Cest assauoir humilier
¶ La plume signifie orgueil
Car tout ainsi comme loysel
D la plume lair le soustieue
Et du cueur par orgueil sesleue
A penser plus hault que ne dois
Jay ouy dire maintes fois
Sa vcun q̈ Bolle ains q̈ il ayt plume
Cest dit len par coustume
Cest a dire qui se desuoye
Dorgueil ains que orgueil se doye
¶ Humilite et eaue ensemble
Peult len comparer se me semble
Par deux raisons dont ceste est lune
Car lune et lautre est commune
Aussi au poure comme au riche
Ne ia nest humilite chiche
Dhumilier a poure gent
Nompl9 quau riche plain dargent
Et sicomme leaue court embas
Si tient humilite embas
¶ Donc ma fait mon orgueil plessier
Amours et mon Bouloir laisser
Et prendre coustume nouuelle
Ainsi comme le cerf renouuelle
Sa Bieille peau en la fourmiere
Renouuelleray ma maniere

¶ Quant le cerf est en grant Bieillesse
Et il Beult Benir en ieunesse
La Bieille peau Beult deuestir
Et peau nouuelle reuestir
Si se couche en la fourmiere
Lors saillent deuant et derriere
Les fourmis et dessus luy courent
Si luy menguent et deuorent
Sa Bieille peau et dessoubz celle
Luy reuient apres la nouuelle

Le cerf qui se couche en la four
miere pour renouueller sa peau

¶ Ainsi puis bien dire de moy
Si Bous diray raison pourquoy
Jauoye eu Bng cueur si fier
Que ie souloye despriser
Amours et tous ceulx qui aimoient
Et qui amours entretenoient
Mais quant ie Bins au chief dug iour
Que ie fus saisy de chalour
En la fourmiere damours
Et les fourmis meurent mors
Cest a dire quant Benus point
De la guillon amours a point
Et assailly de toutes pars
Que plus sont paignet que nulz dars
Ne fourmion ne autre chose
Ie puis bien dire a la parclose
Ie despoilly ma Bieille pel
Et Besty Bng frais cueur nouuel
Cest a dire que ie laissay
Ma maniere et mon cueur changay
Et ay prins nouuel maniere
Robe contraire a la premiere

L.ii.

Amours despitoye or les crains
Amans blasmoye/or men repens
Car nul ne peult en pris venir
Sil ne veult amour maintenir
Et de laultre part qui vouldroit
Maintenant dire ne pourroit
Que ie souloye amans blasmer
Et or ne doit les dueil aymer
Que reprouuer ya et blasme
Mais ie ne doy auoir nul blasme
Samours me fait ma dame amer
Quant il a tant honneur et pris
Que de samour est tout espris
Au gent corps delle regarde
Alumay la cueur ardant
Que tout le cueur mort esbrase
Aussi comme le fenix embrase
Auecques pierres quil conqueult
Le feu ou ardoir il se veult
¶ Quant la fin du fenix apresse
Que nature plus ne luy lesse
Terme ne espace a vie
Et sil conuient que il deuie
En son nid espines assemble
De pierres quont vertu ensemble
Puis se va au meillieu coucher
Et au bec allume le feu
Le feu aux espines se prent
Que le fenix art et esprent
Et met son corps en vne presse
De la cendre qui en remesse
Nest vng autre fenix arriere
Noncques vng seul de sa maniere
Ne fut en tout le mont trouuee
Long neue ne esprouuee

¶ Le fenix qui allume le feu en
son ny pour soy ardoir et de la
poudre en vient vng autre
Dant est ainsi de moy
Car ie fuy tant comme ie poy
Que amours neust sur moy puissance
Long temps ma tins en sa balance
Mais quant suis venu en droict aage
Que cupido prent le peage
Des filles et des pucelles
Et met leurs cueurs en amourettes
Que ie ne me puis deffendre
Contre amors ains me conuient rendre
Et deuenir loyal amis
Du nid plain despines me mis
Et plain de pierres de valleur
Sen traietz ou bec la chaleur
Qui sans estaindre la chaleur
A tout embrase et tout escuit
A belle ou tant ay de delices
Si est le doulx nid plain dspices
Nid est la belle nida non
Si vous diray par quelque raison
Car sicomme loysel se heberge
Du nid pres mon cueur se heberge
En soy sans iamais tour faillir
Au bec fis des pierres saillir
Le feu car tant louay ses amours
Quembrase fuzie du mal damours
Qui trop me tourmente et angoysse
En ce tourment en cest angoisse
Ont mis mes yeulx ou ilz garderent
Le que tous mes membres comprerent
Bien ma amours par les yeulx pris
Et alors ie nay pas mespris
Sicomme ie lay deuant dit
Si ne puis mettre en contredit
Chose quen amours me conuient
Ains conuient faire son comment
Car il ma pris au plus puissant
Ders tous les cinq naturelz sens
Et qui de ses deux ne se aide

Des autres sens a poure ayde
De ces deux ne me puis ayder
Amours ma mis en son papier
¶ La flaueur de la douce alaine
Que plus souef fleure que graine
Ne violette ne que rose
Du cueur ma la flaueur enclose
Du plus a douceur de fiere
Que basme ne autre espice
Le cueur mempli de ta fortune
que ne fus plus plain damertume
¶ Le cerf quant il a transglouti
Le serpent que il a flairi
qui tout le chauffe et enuenime
Donc sen va que ne se de time
Au bruit de sa clere fontaine
Comme la belle fontaine
Le cerf qui va au bant de la fon
taine pour soy medeciner.

¶ Emplye de douce souuenance
qui le cueur en amour mauance
Du doulx flair endormy me suy
Or me deffende dieu de nuy
Car ie suis en peril de mort
Comme la licorne qui sendort
A la pucelle vierge et pure
La licorne est de tel nature
De tel force et de tel fierte
quelle ne craint homme mortel
Ne beste nulle tant soit fiere
Fort ysnelle et legiere
Du front a une corne
Pource lapelle lon vnicorne
La corne est tant forte et dure
quil nest haubert ne armeure

qui la puisse contretenir
Nul ne pourroit a ce venir
Ne qui la y eust par force prendre
Selle nest pucelle vierge et pure
Mais la beste est de tel nature
que quant de la virginite
Sent le flair par humilite
Deuant la vierge se genoulle
Et semble quadoreu la vierge
Dont le veneur sen vy grant erre
qui sa nature scet et querre
Une pucelle y met la pas
Si lauffiert en son trespas
La licorne qui la douceur
De la vierge sent et lodeur
A genoulx deuant si sendort
Et ne se garde de sa mort
Adont loccist en en dormant
que ne lose attendre en veillant
La licorne qui sest endormie a ge
noullons deuant la pucelle / et
loccist lon en dormant

¶ Amours qui est sa veneur
Sur tous veneurs et engigneur
Ma ainsi prins et engigne
Et de mon orgueil cest vengie
que trop estoye orgueilleux
Enuers amours et desdaigneux
quains mestoit oncques neusse
Veu femme aucune quaimer deusse
Mes or cest vengie du forfait
Amours que ie luy ay meffait
que mon chemin me mist deuant
Une dame trop aduenant
A laquelle ie men dormy

f.iii.

Et ay iusques icy dormir
Et encor me tiens ie au flairier
Et ma conuenu de laisser
Ma voulente pour luy seruir
Pour la sienne amour desseruir
Et la suis en telle maniere
Comme les bestes font la pantiere
Long temps say suiuie et suiuray
Tous les iours quau monde viuray
Pour la douleur dont elle est plaine
Le pantiere a douce alaine
  Pantiere est vne beste painte
De diuerses couleurs trop cointe
Et trop belle de grant merueille
Quant dormy a et il se ueille
Si donne vng cry et de la bouche
Ist vne alaine si tres douce
Que la grant douceur qui en yst
La terre entour soy en remplist
Celle flaireur a tel vertu
Car quant le serpent la sentu
Il sen va tout quil peut fuiant
Car ne peult souffrir le puant
La douleur qui luy est contraire
Car quant est et depuraire
Mais les autres bestes ensuiuent
La pantiere tant comme il viuent
Puis quil ont la douceur flairie
Tout ainsi suiuray ie mamye

Les bestes qui suiuent la pantie
re pour la douceur de son alaine
et le serpent si sen fuit

  La pantiere ou tant a coulours
Nous peut signifier amours
Dont viennent les diuers songers

Il nest mal cueur qui peust penser
La douceur que vient et la ioye
Damours aux fines cueurs quil auoie
Telz douceurs passe toute espice
Pour la douleur pour la delice
Dont amours repaist ses sergens
Le seruent et suiuent ses gens
Qui sont mondes de villanie
Mais vaillans cueurs tenez dy mye
Ne peut a son amour entendre
Car ne peut la douleur attendre
Qui damours vient au siens amans
Villaine est le dieu la serpent
Qui fuit la pantiere et salaine
Quamours fiet toute gent villaine
Ne nulz villains ne peut amer
Car trop a le cueur plain damer
Et de pueur si ne luy tient
Et la douleur qui damours vient
A tel deuoreur ma amours prise
Par ma dame ou tant a de pris
Donc ne puis ie pas bien veoir
Qu amours ne mait pris a flairer
Et pris ou gouster en baisant
Sa belle bouche et plaisant

  He dieu que la prise me pluste
Se la belle a gre prins meust
Mais oultre son gre la baisay
Car amours me mist en lessay
A la douce odeur de sa alaine
Que tant est souueraine et saine
Si que las durer ie ne peusse
Se adonc baisee ne leusse
A baiser sa bouche vermeille
Qui a la rose sappareille
Ma pris amour com cil qui pesche
Sil qui prent le poisson a lesche
Le pescher adonc pour le poisson
Deceuoir reprent la mecon
En lesche en leaue rue
Quant le poisson lesche mengue

Tantost accroche u lain
Ainsi a la beste que iayn̄
    ❡Le pescheur qui prent le poiss
    son a lain.

    Ur baiser retenu et pris.
P   Quant de le fuz le baiser pris
Amours en doulx baiser part
Me mist en cueur le trenchant dart
Qui souuent mengoisse et naure
Mais moult massoulage ma playe
Le remembrer du doulx baiser
Aussi suis pris a la baiser
Et plus encor quant le laccolle
Son blanc col et poly et molle
Le oysel nest pas pris au broy
Plus deceuablement que moy
Au doulx chanter de loyseleur
Com ie suis pris a la doulceur
    ❡Oyseleur qui prent loisel au
    bruit par son chant.

    ❡De ses dechés et de ses mours
Et tous les cinq sens par amours
Lors furent fermez le guichet
Alors si cheut le tresbuchet
Quamours par amours prendre dresce
Et ie fuis en la forteresse
Ou ie fus pris de lautre part

Le rat qui a mengé le lart
Lest enferme a la ratiere
Et si ne scet par quel maniere
Il sen puisse yssir sans ennuy
Nest pas plus surprins que ie suy
Mais se ie meusse prins garde
Comme la cheuete se regarde
    ❡Le rat qui est prins en la ra
    tiere.

    Scay bien et scay sans doutāce
I   Que ie fusse hors de balance
Tout oysel hait la cheuesche
Dont chastcun la bat et cheueche
Quant il la porte a plain temps
Si quelle nose a plain venir
De nulle heure fors que de nuyt
Car nul autre oysel ne luy nuyst
De iour se tapir en son treu
Mais en ors se double elle deux
Quilz ne taillent ou nud surpendre
Enuerse gist pour soy defendre
Aux piedz quelle a grans et crochus
Et a ongles trenchans et agus
Lors ne craint que nul laffaille
Que ley ne rende la muraille
    ❡La cheuesche qui gist enuerse
    de paour que les autres oyseaux
    ne laffaillent.

Se ieunesse fait autrete
Que ie eusse fort voulente
De contester chascun assault
Damours qui nuyt et iour massault
Ne fusse pas en sa baillie
Le pied voulente signifie
Cy apres ie le prouueray
Quant de la grue parleray
Se des piedz deffendu ie meusse
Aux liens damours pas ne fusse
Mais amours qui trop scet daguet
Me poursuiuit et tant a fait
Que des piedz ne men deffendisse
Pource que ie ne luy poulsisse
Desdire riens de son plaisir
Me vint tousiours ou pied saisir
Si subtillement quaincois liez
Eut en ses liens tous mes piedz
Que ie men fusse apperceu
C Le lou qui est en piege cheu
Nest mye plus entreprins que moy
Mais adoncques que ie scay
Quamours mont par le pied saisy
Que ie ne fis tout autre sy
Comme le lou qui est en piege
Quant le lou est prins par le pie
Il se rompt les arees du piege
   C Le loup qui trenche son pied
   pour yssir du piege

C Ainsi se desprent et despiege
Se eusses aussi trenche et route
De mon cueur la voulente toute
Pour quamour mauoit attrappe
Je luy fusse bien eschappe

He dieu comment luy eschappasse
Se tous mes vouloirs ne trenchasse
Encor neschappasse ie mie
Car pis tenoit en sa baillie
Amours qui mauoit enchante
Cueur et corps a sa voulente
C Dieu come est plain dengignemet
Amours qui si subtillement
Me print que ne seu apperceu
Iusques de toutes prins su
Oncques de plus subtil ouuraige
Ne furent les las de liraigne
Quelle fait pour les mousches prendre
Que sot les las quamours scet tendre
Pour les amoureux deceuoir
La mousche ne peult perceuoir
Les las iusquel est prinse en eulx
Aussi ne fait ung amoureux
Les las quamours luy a tendus
Iusquel est dedans embatus
   C Lyraigne q fait les las pour
   prendre les mousches

C Ant ma poursuyuy et chasse
Quen ces liens ma enlace
Amours qui ma mis en prison
Si my a mis de guarison
A chascune porte vne guette
Qui de iour et de nuyt me guette
Pour garder que ie ne men ysse
Et pource que plus mabellisse
A demourer ou doulx pourpris
En la tour damours me mis
Du culx me deduitz et deporte
Et mes doulx maulx me conforte
Cinq portes a en celle tour
Qui tresbien ferment tout entour

La plus haulte a mon bel seoir
Pres de celle sen vont seoir
Beaulte et beau semblant ensemble
Ilz sont compaignons ce me semble
De celle porte eschargaitier
De lautre porte sont portier
Simple respons et doulx parler
Doulce odeur fin acoller
Et doulx baiser de belle bouche
Dont la saueur au cueur me touche
Gardant les trois portes dapres
Nulz portiers me tiennent si pres
Que ie ne leur puis eschapper
Bien ma fait amours attrapper
Que ne men ysse sans conge
Mais ia ne maduiendra que ie
Face vers luy tel mesprison
Que ce men ysse trahison
Tousiours my plaist bien y estre
Bien vueil amours auoir a maistre
Et bien vueil en sa prison viure
Iamais nen quier estre deliure
Mais en doubte suis de mourir
Quamours my a fait endormir
¶ Endormy suis ie voirement
Car lhomme dort quant il ne sent
Nul de ses sens en sa baillie
Ne de nul des cinq ne soye
Et les a trestous endormis
Viennent tous les mortelz perilz
Car la licorne qui sendort
A la pucelle suit sa mort
A lhomme qui suit la seraine
Et endormiz suit mortel peine
Mais se ie voulsisse estre hors
Du peril de la mort damours
Il meust fallu auoir prins garde
A la grue qui ses pers garde
Quant grues sont acompaignees
Elles sont si bien enseignees
Selles ont de dormir mestier
Elles font vnes delles guetter

Que elles ne soyent deceues
Et celle qui garde les grues
Pource que sommeil ne la preigne
Et que dormir ne luy conuiengne
Met et assemble soubz ses piedz
Pierres pource que sur piedz
Ne puissent estre nullement
Car grues dorment en estant
Quant assur sur son pied nest mie
Si ne craint estre endormie
Se ainsi me fusse pourueu
Ie neusse peu estre deceu
Car pas endormy ne me fusse
Si telle pourueance eusse
    ¶ La grue qui met pierrettes
    dessoubz ses piedz pour mieulx
    veiller

¶ La grue qui les autres garde
Cest pourueance qui est garde
De vertus dont elle est garnye
Les piedz voulente signifie
Car par ce voulente ce saichez
Sicomme corps va par ses piedz
Lhomme en diuers pensees se mue
Les pierrettes met lors la grue
Dessoubz ses piez pour mieulx veiller
Quant pourueance qui guetter
Doit les autres vertus de lame
Est si de la voulente dame
Et si la tient quil ne fait mie
Endormir en nulle follie
Seusse en tel pourueance
Ie ne fusse pas en doubtance
Mais homs sans pourueance vault
Mais que paons qui queue fault
                    D.i.

❡La queue a signifiance
De la vertu de pourueance
Car en ce quelle est derraine
La chose aduenir nous enseigne
A prendre garde signifie
En ce quelle est si desgarnye
Naultre chose nest a entendre
Pourueance que garde prendre
De la chose qui estre doit
Que la queue exemple nous soit
❡Le paon q̃ faict la roue de sa queue

❡De pourueance ie le preuue
Par vne nature que treuue
Du lyon car quant len le chasse
Il queuure o sa queue la trasse
Que le veneur ne le trouisse
Si que surprendre ne le puisse
❡Le lyon qui queuure la trace
de ses piedz auec sa queue

❡En ce prent exemple au lyon
Lhomme qui a discretion
Car il pourroit en son affaire
Que se luy aduenoit a faire
Aulcune oeuure dont il auroit
Honte qui sen apperceuroit
Si par pourueance se queuure
Que ia nulz homs ne scauẽt a seuure
Dont signifie sans doubtance

Quelle vertu de pourueance
Et la queue du paon mieulx
En ce quelle est si plaine dieulx
Et sicom̃ grant desconuenue
Est du paon qui a perdue
Sa queue tout ainsi puis dire
Que lhomme est en grant martire
qui pourueance na en soy
Mais se tant eusse yeulx en moy
Comme le paon a en sa queue
et me gardasse com la grue
qui pour les grues guetter veille
si nest ce mye grant merueille
se force de boir ma surprins
et se a dormir ie me prins
Car comme iay ouy compter
Dune dame vueil racompter
❡Celle dame vne vache auoit
Moult belle que tant elle aymoit
quel ne voulsist pour rien quil fust
que la vache emblee luy fust
Pource la mist la dame en garde
D vng vacher qui sen print garde
Au chef auoit cent yeulx ou plus
Le vacher auoit nom argus
Aulcuns de ses yeulx sendormoyent
Et les aultres tandis veilloyent
Pourtant la vache fut emblee
Car iupiter qui leur aymee
Vng de ses filz y enuoya
Et la vache embler luy pria
Lil filz tresdoulcement chantoit
Mercurius nomme estoit
En guise se mist de bergier
Si sen vint seoir pres le vacher
Et print a chanter bien et bel
Pres son vacher a son flagel
Et par son chant fist le vacher
De deux de ses yeulx sommeiller
Qui pres de luy estoit assis
Et puis de quatre et puis de six
Il se penoit de chanter mieulx

Tant que cil de tous ces cent yeulx
Au chant du flagol sendormit
Et quant endormy il le vit
Le chef luy trencha o lespee
Ainsi luy a sa vache emblee

❧ Argus qui a cent yeulx a qui
mercurius trencha la teste pour
avoir la vache

❧ Puis que voir a tel force en luy
Quel peult faire endormir celuy
Qui en son chief cent yeulx avoit
Et de tous cent yeulx veoyt
Nest pas merveille se suis pris
Tant me fusse te garde pris
Et quant voir ma fait endormir
Je suis en peril de mourir
Qua tous les endormis damours
Vient en dormant mortelz doulours
❧ Donc samours me met en courage
A la franche courtoisie et saige
Pource quil ma prins et lye
Quelle par sa grande pitie
Me veille mes maulx alleger
Je seray mort pour recouvrer
Sens recouvrer ce nest pas voir
Recouvre sil peult il avoir
Et guarison si ne scay quelle
Nomplusque cest larondelle
En quelle maniere elle fait voians
Ses arondelles non voians
❧ Dire la chose est esprouvee
Car qui prendroit une niee
Darondeletz et leur crevast
Les yeulx et au nid les laissast

Que les arondeletz vertoient
quant gens et perçeueulx ilz seroyent
Mais len ne scet par quel medecine
Le advient mais que len devine
quasi les guarist larondelle

❧ Larondelle qui faict veoir
se petis.

❧ Ainsi est il de la mustelle
Sel treuve ses faons petis
que qui que soit leseust occis
Par medecine tant fera
Quelle les ressuscitera
Le scet on bien pour tout voir
Mais on ne peult mye scavoir
Par quel force et en quel maniere
Elle le faict suscitier arriere

❧ La mustelle qui ressuscite ses
faons quant ilz sont mors

❧ Aussi croy ie que ie pourroye
Ressusciter se mort estoye
Par medecine quelque soit
Douce dame se il vous plaisoit
Mais ie ne scay comme la trouvisse
Ne quel medecine avoir puisse
Par la nature a la mustelle
Ne par celle a larondelle
Mais se exemple prenion

A la nature du lyon
Com il faict reuiure de mort
Ses lionceaulx qui naissent mort
Bien sçaroye en quelle maniere
Je pourroye reuiure arriere
Certaine chose est et seure
Que le lyon de sa nature
Naist mort du ventre de sa mere
Et sçet le bien comme leur pere
Le fait viure au chief de .iii. iours
Qui les aduironne troys iours
Et sus eulx aigrement sescrie
Alors les faict venir a vie

    Le lyon qui fait viure ses lyonceaulx.

SE vous aussi voulez faire
Tres douce dame debonnaire
Qua vostre amour mapetissiez
Et en greme recueussiez
Comme pourroit estre secours
A guarir de la mort damours
Aussi scet len bien a desliure
En quel maniere faict reuiure
Le pellican ses poussineaulx
Le pellican est ung oyseaulx
Qui se grieue tout voulentiers
A ses poussins quil a trop chers
Quant les poucins voient leur pere
Qui leur monstre si belle chiere
Si se cuide iouer a luy
Mais en iouant luy font ennuy
Es yeulx le fierent en voulant
Et cil en a le cueur doullant
Qui est de si orgueilleux cueur
Quil ne peut souffrir a nul seur

Que len luy messace de rien
Mesmement cil qui sont sien
Plain de grant mal talent
Les occist et met a martire
Quant mort les a si en a dueil
Et le serpent de son orgueil
Puis se pourpense en quel maniere
Il les face reuiure
Lors a son bec son coste playe
Et du sang que du coste raye
Arouse ceulx que il a mort
Si les ressuscite de mort

    Le pellican qui soccist pour ressusciter ses faons

Dame plaine de grant franchise
De cueur amee sans faintise
Et sans nesune mauuaistie
Quant de vous premier acointe
Et que acointement nouueau
Si me fist vostre pocineau
Bien acointable vous trouuay
Si que cueur corps vous donnay
Et pour vostre belle acointance
Mis en vous toute mesperance
Mais mesperance ma trahy
Conques elephant ne chanty
Quant larbre se faulce soubz soy
Plus angoisseusement est de moy
Oliphant est beste trop grant
Et a le corps si tres pesant
Et si royde que sil cheoit
Jamais ne se releueroit
Ainsi le conuient sur piedz dormir
Pource nil ne se peult flechir

Mais quant mestier a de repos
Si quiert ung arbre grant et gros
Et si apuye roidement
Pour y plus dormir seurement
Mais le veneur lequel espie
Larbre trenche a une sie
Si que loliphant ne soustienne
Que trebucher ne le conuiengne
Quant la beste a larbre repaire
Qui ne scet rien de cest affaire
Larbre fait choir et trebucher
Puis na pouoir de soy releuer
Ainsi quant est loliphant pris
Aussi mallement mest il pris
¶ Car iauoye aussi fier cueur
Que ne me flechir a nul feur
A aimer dame ne pucelle
Mais tant vous vy plaisant et belle
Simple courtoise et aduenant
Que iamais en vous maintenant
Mesperance mais cil qui durent
Larbre garder sen apperceurent
Non pas pource que onc trouuassent
Loliphant tant luy espiassent
Mais en soupecon la laisserent
Pource que larbre beau trouuerent
Et tel que bien auoit pouoir
Du grant oliphant apuioir
  Loliphāt qui trebuche pour lar-
  bre qui chiet sur luy pource quil
  est sie

Vous estiez celuy arbre fors
Ou estoient tous mes confors
Et mesperance et mes soulas
Mais cil quil vous ont en leur las

Vous ont trop mallement sies
Cest a dire trop mal menee
Par menaces et par assix
Non pas pource quilz furent filz
que ie eusse en vous mon cueur mis
Et voulsisse estre vostre amie
Mais il ont fait en soupecon
Car tant auez clere facon
Et tant estes plaisante et gente
que bien deburoit mettre sentente
En vous mendre que ie ne suy
Pource ont ilz fait tant dennuy
Et par parolles assailly
Si que du tout nauez sailly
Et iay perdu vostre acointance
Si suis de mort en grant doubtance
Et non pourtant certainement
Je puis bien dire aultrement
que de la mort damour mort fu
Des adoncques que ie congneu
que vous estiez vers moy marrie
Pour les mesdisans plains denuie
qui ont fait leur tirannie
Que vous auez vers moy bannie
Donc mauez vous la mort donnee
Pour eu y franche dame honoree
Mais tant estes franche de cueur
que ie ne cuidasse a vous tuer
Que monstriez vostre fierte
Vers vous ne vostre cruaulte
Car ie suis vostre non pas miens
Et tant a merueilles vous crains
que ie noseroye pas faire
Chose qui vous deust plaire
Or mauez mort dont mesmerueil
Monstrez deliurez vostre orgueil
Aux orgueilleux non pas a moy
Certes douce dame ie croy
Ja monstre ne le meussies
Si courcee ne fussies
Si puis faire sans comparation
Selon ce de vous au lyon

¶ Le lyon est de telle maniere
Qua a beste fiere et entiere
Comment a lours et au liepart
Ou au sengler ou il a part
Monstre son orgueil de venue
Et les occist et les mengue
Mais il est tant de franche part
Que beste simple sans mal art
Ne feroit pour riens nul oultraige
Se trop nest plain dire ou de raige
Dont quant aduient que faim le p̄sse
Et nulle beste finesesse
Ne treuue quil puisse mengier
La simple nendure a toucher
Mais la grant faim qui le demaine
Le destraint si fort et demaine
Que o sa queue se bat et fiert
Si se courrouce et puis requiert
La simple beste et puis la tue
Pour se courroux qui le mengue

¶ Le lyon qui se bat de sa queue
pour soy courroucer et pour mẽ
ger les simples bestes

Aussi se ire ne fussiez
Ja enuahy ne meussiez
Ne pourtant onc ne nous batistes
De la queue quant massailistes
Aincoys que nuahy meussiez
Sans raison vous vous deussiez
De vostre queue est baptuel
Cest a dire estre proueue
Seussiez droit en moy hair
Ne si mallement enuahir
Si feissiez de moy iustice
Car tout suy en vostre seruice

De moy auez la seigneurie
Car la queue nous signifie
Pour ucance ainsi le deismes
Et la queue au lyon meismes
¶ De quoy fust vous donc battue
De la trenchante langue esmoulue
Aux cueurs et mesdisans felons
Que sont pires que guenellons
Dieu comme il mont trahy
Et comme il mont banny a tort
Oncques nul tour ne mentremis
De faire ce il mont submis
Nonque riens ne meffis vers eulx
Mais cest maniere danuieux
Qui ne vouldroient veoir pour rien
Que nul home mortel eust du bien
Ne peuz ses cousins ou ses freres
Non pas sa mere ne ses peres
Des biens autres se confont
Et tout se remet et refont
Moult a grant dueil quant il aduient
Que biens et honneurs le ur aduient
Tousiours met sentente
En dire chose que il cuide
Que puisse diffamer autruy
Et luy faire honte et ennuy
Grant ioye et quant il peut faire
Enuieux est de tel affaire
Quil ne vouldroit
A nulluy homme bien challoir
Et puis quil ne peut bien auoir
Il ne vouldroit pour nul auoir
Que nul se peusist auancer
Si len peut len comparaiger
Au chien qui garde est le tresor
Qui est tout plain dargent et dor
Dont bien ne luy peult venir
Ne il ny laisse nul aduenir
Qui du tresor puisse auoir
Telle est la nature du chien

Le chien qui garde le tresor

Daultre maniere et daultre vie
Sont les desloyaulx plains denuie
Qui fondent de dueil et dennuy
Quant nul bien aduient a aultruy
Ne si a eulx nul bien ne fait
Et ne veullent que aultruy lait
Pource peult on prouuer et dire
Quilz sont chiens encore pire
Car le chien garde le droit
Et le bien son maistre ou quil soit
Mais ilz nont nulle occasion
Ne nest quenuie et trahison
Les chiens desloyaulx plains denuie
Mont tollu par leur langerie
Le que eulx ne peurent conquerre
Vers moy ont meu mortelle guerre
Sans ce que deffie meussent
Si vouldroye bien quilz sen peussent
Repentir de leur mesprison
Et si comme ilz mont sans raison
Trahy par faulcement mesdire
Que ilz sen voulsissent desdire
De ce quilz ont de moy mesdit
Et retranscloutir le mal dit
Que de la bouche leur yssit
Et fissent tout autre si
Comme chien qui a tel nature
Que il reprent sa vomiture

Le chien qui mengeue sa vomiture

Et rampine par sa follie
La viande quil a vomie
Et se ainsi vouloyent faire
Le chien desloyal deputaire
Liez et ioyeulx en deuiendroye
Quencor accorder me pourroye
Vers la belle de bon affaire
Mais ains se lairroyent deffaire
Les desloyaux que faire rien
Que a nul homme fist nul bien
Par faulcete mont mis vng blasme
Dont sans raison me hait ma dame
Dont suis ie mort certes cest voir
Mais guarison pourroye auoir
Sil vous plaisoit roy debonnaire
Prendre au pelican exemplaire
Que vostre coste ouurissiez
Tant quarrosee meussiez
De vostre bonne voulente
Et le cueur qui gist au coste
Me donnissiez par amour fine
Cest la plus haulte medecine
Dont me peussiez ressusciter
Et de ceste douleur getter
Ma vie est en vostre cueur close
Et ce nestoit pour autre chose
Et pource que iay ouy dire
Que vous auiez vers moy ire
Seul pourtant que ie vous aymoye
Et la vostre amour couuoytoye
Et que la vostre a bel eusse
Sa vostre amour pense eusse
Si me deueriez vous liurer
Vostre doulx cueur pour deliurer
Lennuy qui fort me desplaist
Donnez moy dame sil vous plaist
Vostre doulx cueur et vostre amour
Si prenez exemple au castor
Pour le cueur qui gist au coste
Maurez hors de douleur gette
et seray hors de mon ennuy
Le castor se porte sur luy

Ung tel membre qui peult sante
Ramener daucune enfermete
Si le chasse len pour auoir
Le membre qui tant a pouoir
Si fuit et point il ne lasseure
Mais il scet bien de sa nature
que il porte vng membre sur luy
Pourquoy il est en tel ennuy
Et que en paix le laisseroit
Le veneur donc si le tenoit
quant tant est las que ne peult plus
Fuir et que il est confus
Se le veneur fort le poursuit
qui pour auoir le membre suit
Lors tend ses dens et a soy sache
Le membre et de son corps larrache
Si le fait cheoir emmy la place
Et quant le venin qui le chasse
Le membre au chemin appercoit
Pourquoy auoir il le chassoit
Lors il sauance et prent celuy
Ainsi se met cil hors dennuy
Par le membre est hors de peur
Et si fait le gre au veneur

¶ Le castor qui se chastre por
soy deliurer du veneur qui le
chasse

Aussi tresdoulce dame chere
Je ne vous dy ne fais priere
Fors pour vostre fin cueur auoir
Et non mye pour autre auoir
Donc se mon prier vous ennuye
Vous en pouez sans longue suye
De ma priere deliurer
Pour moy vostre doulx cueur donner

Dame pour dieu donnez le moy
Et ie vous promectz par ma foy
Que plus ennuy ne vous feray
Par priere quant ie lauray
Ne vous pry pour autre achoison
Lors pour mon cueur que guarison
Ne peult auoir sans vostre cueur
Ne ressusciter a nul feur
De la mort damours ne pourroye
Se vostre doulx fin cueur nauoye
Tout est en vostre voulente
De ma mort ou de ma sante
Si vous plaist du tout moceiez
Ou vous de moy mercy nayez
Car nay couraige ne vouloir
Destriuer vers vous ne pouoir
Car vostre cueur auoir ne puis
Se en vostre ayde trouuer ne puis
Quil est en si forte fermeture
Que ie ney puis la serrure
Deffermer quant ie ney ay mye
La clef en la mienne baillie
Ne deffermer ne se pourroye
Par engin se lherbe nauoye
Dont le pied fait saillir du creux
La cheuille et son nid ouurir

¶ Le pic est ung oyseau soubtilz
Fin en engin trop ententifz
Et veult tousiours faire son nid
En vng arbre a creux petit
Vne herbe congnoist de nature
Que ferm ture ne serrure
Nulle ne peult contretenir
Que lherbe ne face ouurir
Dont quant aucuns peuent trouuer
Son nid pour la chose esprouuer
Font vng coing a force bouter
Du creux pour le nid deffouper
Quant le pic a son nid repaire
Et il treuue telle maniere
Ferme que deffermer ne veult
Pource cercher engin si sesmeult

Quant il na de couurir pouoir
Si le fait ouurir pour scauoir
Que il cerche tant ca et la
De celle herbe que il en a
Au creux la porte et touche au coing
Si la fait voller du creux loing
    ¶ Le pic qui faict. voller la che
    uille de son nic par force dherbe.

¶ Dame se de celle herbe auoye
A deffermer essayeroye
Vostre beau coste pour scauoir
Se vostre cueur peusse auoir
Mais ie ne scay quel herbe cest
Se raison et priere nest
Raison nest ce mye se croy
Car raison a tel force en soy
Que len peult par raison prouuer
La dame que len doit aymer
Pource nen fera celle rien
De raison sil ne luy plaist bien
Ains dira ie nen vueil rien faire
De raison mais tout le contraire
Et daultre part qui se prendroit
De raison garder selon droit
Vray est que tout perdu auroye
Car pas desseruir ne pourroye
Pour chose que faire ie peusse
Que vostre doulx fin cueur ie eusse
Iayme mieulx que mercy ayez
De moy que raison me faciez
Mais si celle estoit priere
Belle tresdoulce dame chere
Essayer pas ne me deuroye
Que par prieres tant feroye
Que vostre coste ouureroye

Et vostre doulx cueur mien seroit
Mais ce nest pas priere voir
Donc ne puis ie mie scauoir
Quel chose cel herbe estre puisse
Ney quel maniere la trouuisse
Et puis quil na aultre confort
A moy ressusciter de mort
Que vostre beau coste ouurir
Par le doulx cueur que tant desir
Dont suis ie mort sans plus par ses
Se vous ne me venez ayder
Ia ne me fauldra querre mire
A moy garir de mon martire
Car sans recouurer seray mort
Mais en dieu aulcun bon confort
Pourray ie de ma mort auoir
Se ie scauoye bien de voir
Que ie peusse auoir vengeance
De ceulx qui mont en desplaisance
Beau sire dieux et comment
En pourray auoir vengement
Ie ne scay pas en quel maniere
De la belle qui tant est fiere
Nauoit ainsi par aduenture
Aulcun qui de luy neust laidure
Mais qui seroit qui nauroit cure
De si tresbelle creature
Certes bien seroit a blasmer
qui ne la daigneroit aymer
Ie ne croy quil en ayt au mont
Ce ne sont quelques gens qui ont
La nature de larondelle
Et sa nature si est telle
quel ne mengeue ne ne boit
Ne elle ne fait chose qui soit

Selle ne voise en vollant
Elle va ses poussins paissans
Ne nul autre oysel ne loseroit prendre
    ¶ Larondelle qui ne fait riens
    fors en vollant

Ainsi sont il aucunes gens
que tant soit divers et volage
De voulente et de couraige
quilz nayment fors a la vollee
si tost ont lamour oubliee
Et maintenant ayment ailleurs
Ne ia ne seront prins damours
quil nest dame ne damoiselle
Tant soit saige vaillant ne belle
quelles peussent a eulx tenir
Ne faire a leur amour venir
Ia en nul lieu ne seront pris
Par dame tant soit de hault pris
Mais il peult bien prendre par tout
Haultes et basses toutes a bout
Et nulle ne les peult surprendre
si com le herisson peult prendre
De toutes pars et acrocher
sans ce que len le peult toucher
De nulle part quon ne se poigne
Ne nest nul qui ne sespargne
que cil qui les prent ne soit pointz
Et acrochez en tous pointz
    ¶ Le herisson qui se charge
    de pommes.

¶ Telz gens me pourroyent venger
De ma dame et de son dangier
Mais en mon dieu ceste vengeance
Ne me feroit point dalegence
Ains me seroit pire que mors

Sans vengeance et sans recouvrer
Que ia se voulsist acointer
De nul aultre que de moy
Celle que iayme en bonne foy
Et puis quel mouroit pour excuse
Et esconduit et reffuse
Damour ie ne vouldroye mye
Quel fust ia a aultre amye
De tel vengeance nay ie cure
Trop me seroit cruel et dure
Comment donc en pourroye faire
Estre a mon gre venge delle
Selle se pouoit repentir
Des maulx quelle ma fait sentir
Et de la mort de desconfort
Quelle ma liure a mort
Et du tourment et de lennuy
Bien seroy vengie de luy
Car certes cest belle vengeance
Que de mener a repentance
Celuy qui ne luy a forfait
Donc vouldroye voirement
Que elle eust repentement
Et pitie de moy quelle amort
Comme la quocordille a du mort
Quelle pleure quant la mengie
Du quocordille quay redige
Moult de gens quocatris le nomme
Quant il treuue aulcun homme
Si le mengeue et deuore
Quant la deuore si plore
Et en fait dueil toute sa vie
    ¶ La quocordille qui ploure
    pour lhomme mort quelle a
    mengie.

Aussi belle tresdouce dame
Trouue mauez ie vous le prouue
Car ainsi comme celuy trouue
Aucune chose en sa voye
Sans ce que petit y traueille
Aussi suis ie vostre sans raison
Si mauez mort sans achoison
De la mort de desesperance
Si vouldroie mieux sans doubtance
Quautel vous venist de ma mort
Comme au coquodrille du mort
Car il ploura quant la mengie
Et de moy eussiez pitie
Si que vous vous repentissiez
De ma mort et me plourissiez
Tousiours des yeulx de vostre cueur
Car ie ne vouldroye a nul feur
Auoir la premiere vengeance
Trop me tourneroit a greuance
De reste me reconforteroye
Et non pourtant ie doubteroye
Que ceste vengeance certaine
Ne souruenist a aprimeraine
Car bien semble chose legiere
Quant vne femme a este fiere
Vers son loyal amy certain
Et elle reffuse par desdain
Sil aduient quelle sen repent
Car plus legierement saffante
A cil qui plus la prioit
Et samour luy demandera
Plus legiere est a deceuoir
Si com len peult apercevoir
Du coquodrille quest ire
Le thomme mort quil a mengie
Et de lydre qui le deçoyt
Quant pour lhomme dolent le voyt
Lydre si com dit lescripture
Maint chief a si a tel nature
Car qui trencheroit vng chief
Dux sen naisteroyent de rechief
Au coquodrille a ataine

Naturelle et mortelle haine
Dont quant aduient quelle est yre
De lhomme mort quelle a mengie
Et qui ploure et na mais enuie
Dautre homme menger en sa vie
Lors pense et si pense veoir
Quelle est legiere a deceuoir
Et ne luy chault mais que menger
Et quoy se peult de luy venger
Adoncques lidre se ventrouille
En la boue et trestout se souille
Et fait semblant que mort il soit
Quant le cocodrille le voit
Mort le cuide et le veult menger
Si le transgloutist tout entier
Quant lidre en son ventre se sent
Tout le ventre luy ront et fent
Et sen yst hors tout de sa pance
Treffort ioyeulx de sa vengeance
Pour ce ie doute sans mentir
Quau vengement du departir
Lautre vengence ne suruiengne
Ia a dieu ne plaise quil aduiengne

Lydre que la coquodrille a mengie
Viue q luy ront le vētre et sen yst

Que ma dame soit sy trahye
Lydre a plusieurs signifie
Celuy qui a plusieurs amies
Comme plusieurs ont seigneuries
Com leur cueur est de grant affaire
Quen tant de lieux en peuent faire
Et tant damies a paier
Car ie scay bien que tout entier
Chascun auoir ne se pourroit
Bien a payee sen tiendroit

E.iii.

Chascun se dung cueur tant fier
Pouoit auoir vng seul quartier
Non pourtant ie croy moult bien
Que chascun nait du cueur sien
Ains croy qui les amuse et triche
Si com cil qui porte la briche
Qui offre et promet a chascun
Et si ne la baille a nes vng
Ains la tient pour amuser
Ses compains et faire muser
Toutes voisil deburoit
Laisser a chascun deulx par droit
Aussi deuroit son cueur laisser
A lune tout ou vng quartier
Et si ne len portoit or mye
Ains en laissoit vne partie
Ne pourroit il mye chose faire
Qui peust a nul bon chef se traire
Tant se penast du besongner
Lom sen sceust dire de lounier
Qui emprent plus dune besoigne
Ia bien nacheura son ouuraige
Maintes foys lauez ouy dire
Or reuiendray a ma matiere
Si laisseray a parler deulx
Mais que lon creust or en deulx
Le cueur du ventre sans faintise
A ceulx qui en font tel deuise
¶ Lydre qui a si grant vertu
Quant elle a vng chief perdu
Deux en recueuure de rechief
Ainsi gaigne en son meschief
Le nous enseigne et signifie
Que chascun aucun deux conchie
Vne fois il engignera
Plusieurs foys il sen vengera
De ceste ydre me doubte mont
Plus que de nulle riens ce mont
Que il ma dame ne trahysse
Et ie prie dieu qui len guerisse
Ie vouldroye qua dieu il pleust
Que de ceulx la garde il se peust

Car trop sont faulx et deceuable
Quant trop luy feront lamiable
Et plus damour luy monstreront
Et plus tost se feigneront
Laing est leur cueur de leur parolle
En la fin sen tiendra pour folle
La belle sa nul deux sacointe
Quant plus cuidera estre acointe
Deux et de leur amour priuee
Tant en sera plus esloignee
Saura perdu tout son seruice
Tout ainsi comme lescreuice
  ¶ Lescreuice qui va a reculons

Car quant plus a reculons voyt
Et plus se paine et riens ne faict
Et plus de son terme sesloigne
La femme qui pour beau seruir
Cuide lors amour deseruir
Car pas ne la pourroit auoir
Bien la peuent ilz deceuoir
Pour luy faire les marmiteux
Et monstre semblant amoureux
Mais pas nest dame de leur cueur
Qui maimeroyent a nul seur
Bien luy peuent par faulcete
Faire semblant dhumilite
Mais en la fin le trahiront
Et dautel ieu leur ioueront

Comme le scorpion fait faire
¶ Le scorpion qui leche par de
uant et point par derriere de sa
queue.

L Escorpion est de tel affaire
Que o la langue leche ioingt
Et a sa queue derriere point
Autelfont ceulx qui deuant oignent
De parolles et derriere poignent
Si me semble que len peult dire
Quilz sont escorpions et pire
De ces escorpions mescreans
Je prie dieu sur toute riens
que ma dame de telz se gart
Car trop sont de mauuaise part
Mesmement se garde de ceulx
qui plus feront les marmiteux
Et si diront pour deceuoir
Dame ayez moy a valoir
Garde soy que ny mette sa cure
Car feront malle nourriture
Si en seroit en la fin honnie
Car mieulx ne luy fauldroient mye
Comment le petis cocuaulx font
A leur mere quant nourris sont
¶ Le grant coqu tel nature a
Que ia ses oeufz ne couuera
Mais quant il trouue en aucun nid
Les oeufz dung oyselet petit
Il boyt les oeufz de loyselet
Et en lieu deulx les siens y met
Et loyselet qui siens les cuide
Toute met sentente et sestude
A eulx nourrir de son pouoir
Mais il leur rend vng brief loyer
En la fin de biens quil leur fait
Le coquau quant est parfaict
quilz les mengeussent et gloutissent
Ainsi leur bien leur merissent
       ¶ Le coquau qui menguent lez
pere et mere quant ilz sont bien
nourris

¶ Dieu confont de malle nature
Et comfait malle nourriture
Le doulx oyseau bien par sa peine
Qui deulx ainsi nourrir se peine
quant y tel guerdon en dessert
Telloyer a qui mauuais sert
A tel guerdon se peut atendre
Ma dame selle ne veult
A nul deulx aymer ne cherir
Mal luy seroit samour merir
Pource luy loue et conseil
Selle veult croire mon conseil
Qua nul tel son corps nabandonne
Ne son cueur samour ne luy donne
Il luy seroit moult bien mestier
que celle peut de ce mestier
Et ny croye pas leur parolle
quen la fin sen tiendroit pour folle
Si que il luy dira douce dame
Je vous donne corps cueur et ame
Dame soufftrez que vostre soye
A vostre seruice mottroye
De telz se gart sur toute rien
Sel veult celer son conseil bien
Quil ne cuident pas estre rien
Sil ne luy est tout dis a destre
Ou par deuant ou par derrieres
Neis a laschier luy sens lasnieres
Ne il ne cuideroit pas deuoir
Quil ait aide a valoir
Se il ne la a tous ses besoings
Ou que il soit ou pres ou loings
Et fera tout par entreseigne
Coment quil soit que besoig epreigne
que plusieurs gens saparceuront

Et leur affaire tout scauront
Et il luy conuiendra querre
Ung qui criera par la terre
Que il ne faict nulle noblesse
Ne courtoisie ne largesse
Lors pour lamour de tel dame
Ders Bousay esleue le blasme
A la franche de bon affaire
Pour le faulx enui culx deputaire
Que blasmee en est par sa Bille
De ce se gart et de sa guille
Pour son honneur et pour son preu
Que il ne ioue̱nt de tel ieu
Comme la Biure fait son pere
Ains quelle naisse a sa mere
¶ La Biure occist son pere et tue
Aincois quelle estoit conceue
Et sa mere ains quelle puisse naistre
Si Bous diray comme ce peut estre
Elle est conceue et sa mere
Par la bouche du chief au pere
Quant a la bouche a la femelle
Met le masle sa teste en elle
Aux dens luy ront et trenche tout
Et en son Bentre la trans glout
Adonc le masle mort demeure
Mais quant ce Bient a lenfanter
Ne se peut de mains Banter
Car par le coste se deliure
Et crieue et meurt ainsi la Biure
Occist son pere et sa mere
Pour eulx puis ie ceste maniere

¶ La Biure qui tue son
son pere et sa mere

De gent Biure apeller par droyct
Q nul deux pourriesne Boudroit
A nul honneur qui luy pleust
Ne que luy engrese receust
Lors pour trahir et deceuoir
Celle que layde a Balloir
Ceste Biure tresfort mespante
Que ma dame ne si assante
Et quil ne soit pour luy trahie
Et non pourtant ie ne scay mie
Que nul hom mortel soit Biure
Quelle ensuiura autre de moy
Celle que iayme en loyal foy
Mais si aduient par aduenture
Que ma dame nait de moy cure
Quelle me laisse et autre preigne
Ie prie a dieu quautel luy aduiengne
De Bous deux com a la singesse
De ses faons que celuy laisse
Que plus et ayme et plus chier tient
Et cil que plus hait retient
¶ La singesse desa nature
A deux faons dune porteure
Et les apatelle tous deux
Et lung que lautre aime mieulx
El met sentente et sa cure
A Bng aymer oultre mesure
Et lautre ayme si feablement
Que len peult dire aultrement
Quelle layme lung et lautre chasse
Donc quant aduie̱t quelug leschasse
Elle ney Beult laisser pas Bng
Mais cil ne Boit a prendre lung
Et est assez en mais de crainte
De prendre ce quelle mains aime
Celuy que plus aime et tient chier
Dient entre ses bras emb:asser
Et lautre de qui maine luy chault
Gitte dessus son col en hault
Et sil se peut tenir se tiengne
Aussi sen fait quon ne la preigne
A deux piedz tant com elle peut

Quant est tant lasse que plus ne peult
De tous ses quatre piedz garder
Celuy luy conuient la laisser
Ueilhe ou non que elle aymoit
Et retient cil quelle hayoit
De ce ne mesmerueille mie
Quant il conuient quelle saide
De tous ses piedz laisse celuy
Que pas ne se tenoit a luy
Ainsi cestuy la luy demeure
Qui la tient au col par derriere
Et ne tient pas mais il la tient
Et elle tient lautre si conuient
Quant elle laisse si remaigne
Et le hay o luy sen viengne
Se ainsi aymez ma doulce chere
Nul qui semble de tel maniere

¶ La singesse qui emporte ses
deux faons.

¶ Lidre la viure ou le hericon
Le coqu ou lescorpion
Du laronde aussi vous en preigne
quil vous perde et ie vous remaigne
Car iacoit ce que vous laymez
Cueur debonnaire et me ayez
Vous le perdriez toute voye
Et ie encor vous demourroye
Car vos tiens non pas vous moy
Car ie vous ayme a loyal foy
Je dis que il ne vous tiens mye
Ains le tenez vous doulce amye
Jacoit ce que mamie vous clame
Que laymez et pas ne vous ame
Car amee de luy seriez
Tant comme ses voulentez

Mais quant vous vouldriez chose faire
Que a son vouloir soit contraire
Pour mal de vous sen partira
Et vostre amour deguerpira
Sans querre nulle achoison
Donc puis ie dire par raison
Que il ne tient pas a vous
Aincois le suiuez vous touslours
Selon son vouloir a deliure
Com la serre veult la nef suiure
¶ Serre est une beste vollaige
Que par la mer se sleue a naige
Plus tost a elles estandues
que faulcon ne volle aux grues
Du quarbaleste ne destend
Dont elle se delicte tant
O la proesse de ses elles
que tant sont iustes et ysnelles
Car quant elle voit par mer nager
Les vaultour sa force essayer
Aux nefz estriue et sil sefforce
Si les costoye par sa force
Bien cent lieues a une alaine
Tant sefforce et tant se peine
Mais quant ce vient que elle est lasse
Ne des nefz tant ne quant ne passe
Elle ne recroit pas quapetit
De poursuiure son appetit
Ne ne peult pas ung peu attendre
Scauoir selle se peult reprendre
Alaine pour les nefz ataindre
Mais tantost comme lestent remaindre
Elle se laisse cheoir sur londe
Aual enmy la mer parfonde
¶ La serre q volle apres la nef par mer

Ainsi dis ie comme il me semble
que cil la serre en mer ressemble.
que Voftre Vouloir si plaira
Tant comme au sien saccordera
Mais quant Vous Vouldriez faire
Biens qui soit a son gre contraire
Tantost seroit de luy guerpie
Ne attendroit encore mye
quapres vng point de mal Vueillance
eussiez a luy accordance
Ains Vous laittra Villainement
A la choison est marry tant
quil ne Vos tient pas mais Vous luy
Mais il est si tresplain dennuy
que Vous hayez que ie Vous tiengne
Quant pour nulle riens q̃ aduiengne
De Vous ne puis mon cueur retraire
Pour nul mal qui me puisse traire
Si ay souffert douleur et ire
Plꝰ pour Vous quoy ne pourroit dire
Des que Voftre doulx regard ie Vy
Et sens encor pour Voftre amour
Chascune nuit et chascun iour
Pour Vous mentens palir et taindre
Penser et souspirer et iaindre
Trembler sans froit / suer sans chault
Me faict Voftre amour qui massault
Le mal qui pour Vous me demaine
Est plus grief que fieure cartaine
Doncques se pour douleur souffrir
Peusse Voftre amour guerpir
Ie leusse pieca enuahye
Et si ne Vous aymasse mye
Tant que ie fais oultre mesure
Mais pour mal que pour Vos endure
Ne puis la Voftre amour laisser
Ne pour demourer oublier
Dont Vous aymay ie parfaictement
Si me tiens a Vous fermement

Si que pour riens ne Vous lairroye
Ains se perdue Vous auoye
Sans recouurer et sans espoir
De iamais Voftre amour auoir
Le nas ce quil ne peult pas perdre
Ne se pourroit mon cueur et ardre
A aymer dame ne pucelle
Non plus que fut la turterelle
Puis quelle a son amy perdu
Iamais ne fera aultre bru
Ne pied sur branche Vert ne Viue
Mais sur les rains lors se chetiue
Sans compaignon triste et pensiue
    ¶ La turterelle qui est dolente
    pour soy masse quelle a perdu.

Saichez que ainsi ie feroye
Se la Voftre amytie auoye
Perdue sans iamais la rauoir
Ie Vous dy dicy et des Voir
Que iamais autre nacointeroye
Ne nauroye soulas ne ioye
Dont me tiens a Vous sans desordre
Si deuriez mieulx celuy perdre
Qui ne Vous sert de nul rien
Iacoit ce que Vous laymez bien
Se ainsi est que nulle en ayez
Que moy dame que Vous hayez
Car ie Vous ayme sur toute rien
Et loyaulment a Vous me tien
Pource ay ie encor esperance
Combien que ce soit et fiance
Que Vous deuez lautre guerpir
En la fin et me retenir

Ainsi comme la sagesse
Retient le hay et layme laisse
Qui pas a luy ne se tenoit
Mais encor se ainsi aduenoit
Que pas ne me voulsissez mal
Ains vous aymissiez par egal
Dune amour vaine vous aymez
Si vous deuroie ie demourez
Si me deuriez tenir cher
Et lautre guerpir et laisser
Bien scay quainsi le feriez
Sa laigle exemple preniez
❦ Laigle aux ongles acroche z prent
Ses poulcins et tient asprement
Celuy qui fermement la tient
Si layme et o soy le retient
Celuy qui foiblement la prent
Laisse aller et garde ny prent
Donc vous doy ie bien ramanoir
Que vous tiens de tout mon pouoyr

    ❦ Laigle qui soubtieue auec ses
    ongles ses faons en hault pour
    congnoistre lair.

Luy et toutes autres pour vous
Seullement pour vostre promesse
Ainsi comme le perdriaux laisse
quant il est grant et bien nourry
sa faulce mere que nourry
Par la voix de la vraye mere
Des perdrix est vraye la maniere
quant lune a pont et doit couuer
Et lautre peult les oeufz trouuer
Et les emble et couue et esclou
Ainsi comme selle les eust pont
Tant quitz sont grans et percruz
Et quant les perdriaux sont druz
quitz peuent venir et aller
Et auec les autres voller
Leur vraye mere recongnoissent
A la voix pourquoy ouir puissent
Et scauent bien quelle les a pont
si guerpissent celle tantost
qui les couue et lautre suyuent
Et sont o elle tant comme itz viuent

    ❦ La perdrix qui couue les
    oeufz que lautre pont.

Et si deuez laisser celuy
qui ne vo9 veult pas mais vo9
luy.
Je dis bien que ie vous tiens dame
Car en tout le monde na femme
Pour qui amour ie vous laissasse
Car tacoit ce que ie trouuasse
Aucune qui maymast en foy
Et voulsist tant faire pour moy
Com amye peult pour amy faire
Ne se pourroit mon cueur retraire
De vous ains lairroye pour vous

❦ Pondre ou couuer comparer puis
En deux choses quen amour truis
Cest prendre et retenir le pendre
Car le prendre peult len entendre
Et par le couuer retenir
Et sicom len voit aduenir
De loeuf pont que il ne vit mye
Ains est comme mort et na mye
Jusques le couuer y suruiengne
Ainsi nul home qui amours preigne
Na damours ioye ne depor
Ne vie aincois est comme mort
f.ij.

Lors est il a bon port venus
Lors oublie il toute mesaise
Et si est en ioye et en ayse
Doulce dame que ie loue et prie
Vostre suis car vous mauez pris
Soubz ciel na femme tant soit gente
Sil mettoit sa cure et sentente
A moy couuer cest retenir
Quelle pas ne me peult tenir
En ses amours en nulle guise
Ne pour amour ne pour seruice
Ains lairroye samour et soy
Et son seruice par ma foy
Et ma braye mere suiuroye
Et tousiours vous recongnoistroye
Dont pert il que ie vous crains bien
Car ie vous ayme sur toute rien
Et aymeray toute ma vie
Mais encor ne maymez vous mye
Si mest bien aduis que ie soye
Le singe hay qui vous doye
Demourer et ne puis perdre
Car a vous me tiens sans desordre
Pource ay aucun peu despoir
Que ie vous doye remanoir
Du tost ou tard quoy quil demeure
Mais en non dieu ceste demeure
Est en moy trop espouentable
Car trop me peult estre greuable
Et dommageuse iusqua mort
Se de vous nay prochain confort
que long temps a que locuf ponistes
quonque puis couuer ne voulsistes
Noncques ne fut daultre couuez
Doncques se tost ne le couuez
Il pourra du tout empire
Si que iamais naurez mestier
Que vous et aultre luy auie
Car du tout aura perdu vie
De loeuf ce que vous plaira
Par vous ou mort ou vif sera
Car ie ne pourroye trouuer

Nulle qui le voulsist aymer
Ne pour quant ie nay ie ioye
Se ie pas trouuer le vouloir
Ne pource ne le dis ie mye
Mais ie trouue mainte follie
Plusieurs que dames que pucelles
Assez plaisans et assez belles
Qui disoyent folle seroit
La femme qui vous aymeroit
Car ia de samour ne iouyroyt
Ne pour riens faire ne pourroit
Qua samour traire vous peust
Ne qui la vostre amour eust
Car vous lauez ailleurs assise
Si employeroit mais son seruice
Ne ia nauroit de vous soulas
Dung aultre vous print en ses las
Telz parolles ou la valeur
Mont dit maintes dames dhonneur
Que voulentiers me retenissent
Sel ne cuidassent que perdissent
Leur peine et que ne les laississe
Et ma braye mere suiuisse
Mais soubz le ciel na femme tant belle
Quelquelle soit dame ou pucelle
Que ne laissasse pour vous suiure
Tous les iours que lauroye a viure
Donc pondre oeufs ia ne deuez
Dame se vous ne le couuez
Tout vostre plaisir en ferez
Sil vous plaist si le couuerez
Du perdu est par grant demore
Et sachez perdu fust il ore
Et par demeure fusse mort
Se ne fust vng peu de confort
De voulente et de couraige
Qui me conforte et assoulage
Et en nourrissant me souuient
Com de loeuf de lautruche aduient
Puis que lautruche a pont ses oeufz
Ia ne sen prendra garde deulx
Ainsi les laisse a nonchaloir

Et puis ballent le peuent balloir
Ne ia ne mettra autre cure
Deux amener a nourriture
Maible soleil qui est du monde
Nature chalour dont habonde
Et croist quanque de terre yst
Du sablon lescoune et nourrist
Et de ses rais les viuifie
Na ia autrement nauroient vie

Lostruche qui ne couue ses
oeufz fors veoir

IE suis ainsi comme les oeufz
Qui est au sablon remesseux
Qui nest couue fors du soleil
Je nay ayde ne conseil
De nulle qui courir me daigne
Ne qui pour amy ne retiengne
Ne il ne remist que ie ne soye
Perdus que vng sienpeu de ioye
De iolinete seullement
Qui ma conforte longuement
Car autrement fusse ie mort
Se ne fust ce commun confort
Dont chascun peut auoir sa part
Selon ce que dieu luy depart
Lest confort ma moult maintenu
Mais il mest trop mesaduenu
Car iay le cueur triste et nercy
Pour la demeure de mercy
Et la desperance dayde
Que tout le cueur me contraire
Ma la ioyeuse te toslur
Par qui ma vie est soustenue
Et qui me conforteroye
Si que iamais or nauray ioye

Se de vostre amour nay le don
Pour dieu dame et pour guerdon
Confortez cest desconforte
Il nest creature qui viue
Fors vous qui en ait le pouoir
Plaise vous cest oeuf acointer
Du perdu est et mal bailly
Car le soleil luy a failly
Qui pour sa naturel chalour
La tenu long temps en chalour
Or na recours que en vous
Franche debonnaire au cueur doulx
Vueillez par vostre courtoisie
Que ayez amy et moy amye
Et ie vous seray fins amys
Couuez loeuf ains quil soit malmys
Si serez bonne nourriture
Car le metttay peine et cure
De vous gouuerner tresbien
Que en tout le monde na rien
Que loyaulx amis puisse faire
Pour franche amye chiere
que ie ne face a belle chiere
Pour vo9 tresdouce amie debonnaire
Je vous rendray vostre bien fait
Ainsi comme la huppe fait
A sa mere qui la couuee
Quant la huppe est mal enuieunee
que vieillesse que tout abat
La batue et donne vng flat
Jamais qui ne luy aideroit
En sa vieillesse plume mourroit
Ainsi com fait cil autre oysel
Fors luy aident ses pocin cl
Car au bec et au pie luy arrachent
Sen vieilles plumes et sachent
Et la huppe me demeure
Puis apres maint iour & mal heure
Est par culx nourrie et couuee
Tant que sa plume est retouuree
Et de cest chose certaine
quilz mettent bien autant de peine

F.iii.

A luy couurer vieillesse
Quel a euz enleur ieunesse
¶ Le huppelet qui nourrist sa
mere quant elle est cheute en vi
eillesse

¶ Douce dame aussi bon vouloir
Euciez vous de moy couuer
Cest a dire se vous me donnes
Vostre amour guerdonnerez
Et pour amy me retiendroye
quant tant ou plus vous ameroye
Que nul homs peut auoir amie
Encor tout ne nouer vous mie
Et vous aime tant outre mesure
quen celle viue creature
Naime plus loyaument que moy
Mais se vous me prisiez si poy
Quauis vous soit que ie ne doye
Vostre amour auoir pour lamoye
Et que trop bas leussiez mise
Se lauiez en my passise
Pour ce que ie pas ne vous vaille
A ce vous dis ie bien sans faille
Quamours fait toute rien egal
quen amours na terre ne val
Ains est plus plaine que mer coye
Ouide le dit et ottroye
qui dit quamours est seigneurie
Naront la bonne compaignie
Car trop sont duis et contraire
quamours est franche debonnaire
Et seigneurie est desdaigneuse
Despiteresse et orguelleuse
Pource nauront ia la paix ensemble
Si vous conuient si com moy semble
humilier pour mieulx auoir

Ains que vostre amour puisse auoir
Tant que la iouste soit pareille
Car iacoit ce que mains vaille
que vous ne faictes si fois ie
Si me donnez vostre amitie
Pour vostre amour mamendere
Sans ce que pire ne serez
Tant pour le paige damour
Serons nous deux dune valour
Dune valeur et du paraige
Tout ne soy on nous dung lignaige
Et pour monstrer mieulx e ple plaire
Ouil vne comparaison faire
Car tant com mais vault de p sable
Argent et or de iaspe fine
Tant ay ie de mains vous valour
Mais se iauoye vostre amour
Pour vostre amour namenderoyel
Tant que vostre pareil seroye
Ne pour moy amendement
Ne prendrez empirement
Ains en deuiendrez meilleurs
Si en croisteroyent voz valeurs
Le vous priuezie par semblance
Tant soit or de maindre vaillance
Que iaspe vert qui les ioindroit
Et des deux vng annel feroyt
Le iaspe amenderoit tant los
Que il seroit de tel valoir
Com la iaspe ne ia pouree
Ne perdroit la iaspe sa force
Ne son pris ne est abaissez
Ains vauldroit mieulx la iaspe assez
Auec los quel ne seroit par soy
Autre tel vous dis ie de moy
Ma douce dame debonnaire
Que se ainsi pouoye faire
Par prouesse ne par scauoir
Que vostre amour peusse auoir
Ia vostre pris nen seroit mendre
Et ma valeur nen seroit grande
Comment namenderoye ie

Se iauoye voſtre amitie
Car iacoit ce que ie valoye
Vaulx ie mieulx que ie ne valoye
Ains que ie euſſe ma penſee
Que voſtre amour qui trop magree
que le grant deſir de valloir
Que iay pour voſtre amour auoir
Ma ſi eſchauffe eteſpris
que moult en eſt creu mon pris
Car ay guerpy mes malles mours
Dont ſil plaiſoit au dieu damours
Que de ſon dart il vous euſt poincte
Tant que de moy fuſſiez acointe
Que mamour en gre preniſſiez
Et la voſtre motroyſſiez
Je ſeroye meilleur a double
Adonc ſeroit egal la coulpe
De vous et de moy enſemble
Se vous pourroye ſe me ſemble
Guerdonner voſtre bien fait
Que vous aucune mauriez fait
Tout ſelon voſtre voulente
Mais iay en vous plus damitie
Aſſez que ne me fuſſiez meſtiere
Si la vous conuiendra aimer
Se damours voulez auoir
Quil neſt pas de droit que il ait ioye
Damoures qui orgueilleux veult eſtre
Car orgueil na cure de mettre
Lom cil qui trop eſt orgueilleux
Deſireux et trop enuieulx
Et veullent quon le ſerue et craigne
Et amour veult que cil qui aime
Soit doulx et francz et amiable
Debonnaires et bien ſeruiable
Pource ne peuent damours iouir
Nul ſi ne veult orgueil fuir
Dont vous conuient par eſtouuoir
Se damours voulez ioye auoir
Laiſſer orgueil qui vous deſuoye
Mettez en amour voſtre penſee
Lors vous ſcaurez quelz ſõt les biens

Dequoy amours repaiſt les ſiens
Que loyallement fait ſon ſeruice
Sans faulcete et ſans faintiſe
Et ſi des biens voulez taſter
Voſtre orgueil vous conuient mater
Et a laigle prendre exemplaire
Et faire auſſi comme il ſceut faire
Quant laigle a tant creu ętat courbe
Le bec quo menger ſe deſtourbe
De peur qua menger ne luy nuiſe
Au caillou briſe et aguiſe
Le bec de laigle ſignifie
Orgueil qui amours contrarie
  Laigle qui aguiſe ſon bec
     pour mieulx menger.

Le bec auez briſe ſans doubte
Car forterſſe aurez toute
Car la langue tient et maiſtroye
Que il ney recongnoiſſe et octroye
Choſe dont bien ayez damours
Mais mauuais briſent a rebours
Le bec qui a droit briſer doibuent
Si ſe trahiſſent et decoiuent
Car plus ont douleur et meſaiſe
Damours qui ont ioye et aiſe
A rebours briſe ſon bec celle
Qui ſon amour a ſon amy celle
Et pour ſoy border de deſqueuute
A autre qui ſon et fait oeuure
Dit et racompte par la ville
Si reſſemblent la cocodrille
Celle qui ſteſt deceue
Car le cocodrille mengeue
A rebours ceſt a dire menger
Eſt quant len ſent quoye a menger

La ioye que len doit mouuer
Et fait len celle remouuer
Que len deuroit coye tenir
Le doit len de lui aduenir
Mais de vous diray toutesuoye
Lequel ioye doit estre coye
Celle dessus et len deuroit
Celle dessoubz mouuoir par droit
Mais de tout ce voions nous faire
Au quocodrille le contraire
Pource mengue il a rebours
Aussi est de parler damours

La quocodrille qui mengue a rebours

¶ Que celle que doit sa pensee
En licuelle est bien telee
Celle meut la roye dessoubz
Mais qui la celeroit sur tous
Les siens amis qui tous les biens
Et les profitz en feroit siens
Mais la roye dessus remut
Celuy qui tenir ne se peut
que len ne oye sa pensee
En lieu ou elle soit encusee
Par la ioye dessus mouuoir
Est entendu faire assauoir
Ce que len a pense au fait
Pource dis ie tout entrefait
Quainsi com a rebours mengue
La quocodrille qui remue
La roue dessus a maschier
Fait a rebours son bec brifier
Celle qui a aultruy descueure
Samour et son amy descueure
A ce que poy sont qui sceussent

Eslire a droit que ilz deussent
Leur conseil dire et descouurir
Ne quelle doye couurir
Car trop a au gent faulsete
Si trouuerez maintenant tel
Qui se fera amis loyaulx
qui sera faulx et desloyaulx
Tricheries et de mal affaire
Si resemblent le sagitaire
¶ Sagittaire est vne beste
Que du nombril iusque a la teste
A forme dhomme a contreual
A droicte forme de cheual

¶ Le sagitaire qui est demy homme et demy cheual

¶ Le sagitaire signifie
Les desloyaulx plains denuie
Qui par parolle sont amy
Et de faict mortel ennemy
Et font le simple et le loyal
Et sont tresfaulx et desloyal
En telz ne se doit nulz fier
De risde fait et de parolle
Telz gens sont plains de faillise bole
Car il sont de grans apparance
Si na eneulx point de substance
Comparer puis a la balaine
Gent de tel destoiaulte plaine
¶ Quant mariniers par la mer vont
Et le vent contraire leur sont
Qui leurs naures vont tempestant
Et ilz voient dessus la mer estant
La balaine qui grant espace
De la mer pourprent et grant place
Cuident que isle de mer soit

Si viennent la a grant exploit
Si sarment dessus la balaine
Mieulx leur voulsist estre en peine
En la mer dendurer tourmente
Et la mercy du vent qui vente
Quilz fussent venus a bel port
Car tant mourront de pasme mort
Les perilz des vens ont passez
Mais ilz sont greigneurs assez
Les mariniers qui asseurez
Cuident estre a seur malheur
Font leur aise sur la balaine
Tout ainsi com a terre plaine
Feu allument pour eulx eschauffer
Du feu que les mariniers font
En mer se plonge el plus parfond
En la mer les fait perillez
Que ia deulx neschappera piedz
Tout ainsi peult il mescheoir
Aux mauuais qui font assauoir
Leurs pensees aux traictours
Par mer peult len entendre amours
Car qui a aymer tout se paine
Il ny a que traueil et peine
Tant quil soit venu a bon port
Aussi na ioye ne confort
Non plus que cil qui est en mer
Car qui sabandonne a aymer
Tant quil soit a droit port venue
Si est pour amy retenue

    ¶ La balayne qui plonge les
    mariniers en la mer

¶ La nef et lamant so me semble
Peult len comparer ce me semble

Et les manieres signifient
Les cinq cens hommes qui les guidēt
Quel est le vent qui les demaine
Les mesdis de la gent villaine
Qui les amans guerroye fort
Et les met en grant desconfort
Quant cest vent et ceste tourmente
Aduenu ou aultre tourmente
Ne laisse a droit arriuer
Pour les tourmentes escheuer
Doult arriuer a terre pleine
Et trouuent souuent la balaine
Cest aucun traistre recois
Pource quil est simple et cois
Cuydent quilz soyent seurs et estable
Et il est faulx et deceuable
A luy sen vient si luy descueuure
Tout son penser et tout son oeuure
Et cuyde quil se secoure
Mais mieulx luy voulsist encore
Attendre que le vent chaist
Qua celuy son conseil dist
Car ia naura par luy confort
Fors dueil et ire et desconfort
Quant le traistre scet de voir
que cil ayme sans decepuoir
Si lencuse par trahison
Et le met a confusion
Car lamour dont lon est double
Est par luy descouuert toute
Estes vous lamant mal bailly
Pour le faulx tracteur failly
Pource se doiuent les amant
Bien garder a qui et comment
Ilz doiuent dire leur conseil
Car ne sont mie tous seel
Cil qui du tout sont apparens
Je prens aristote a garans
qui dit que maint est autre corps
qui napparoisse par dehors
Chaton qui dit et octroye
que pis est souuent leaue coye

que celle qui court de randon
Si voit len bien tout a bandon
que nest pas tout ce qui reluit
Et tel ne peult ayder qui nuist
Pource vous loue et conseil
que ne diez vostre conseil
A nul esprouue ne sauez
Et au vis simple ne croyez
Car maint si ont vis taint et palle
Et pensee deshonneste et palle
D'aultre part telz nont voulente
De faire nulle faulceete
Que de riens ne vous cellera
Ne pas ne vous accusera
Par trahison ne par enuie
Mais il ne luy semblera mie
Que celler vous doye a nully
quant vous ne vous celez vers luy
Si a long temps a ouyr etraire
A ung mien amy debonnaire
Quen maint besoing ay esprouue
Et en tous pointz loyal trouue
Comment dist il pourra ce estre
Quant aulcun me dira son estre
Et son conseil que ie le queuure
Quant luy mesmes se desqueuure
Si celleray celuy ou celle
qui de riens vers moy ne se celle
Ie luy respondis par grant ire
En chose que ie loye dire
Na fors oultraige et trahison
En toy a tant sens et raison
Si mas fait si folle demande
Ja scez tu quou te commande
Et chaton par parolle briefue
Si tu fais chose qui te griefue
Pourchasse ung bon amy loyal
A qui tu oyes ton conseil
Si alegera ta douleur
Donc sil aduient en nul tout
Chose qui me conuiengne a dire
Se ie te vueil sur tous eslire

Et ma pensee descouurir
que vers tous aultres vueil mourir
Ne a mon pere ou a ma mere
Ou a ma seur ou a mon frere
Ne dois tu pource desceler
Mais tu me dois mieulx celer
Car ie te fais honneur et foy
Quant ie me fie tant en toy
Que ie te metz deuant a tous
Doncques se tu es franc et doulx
Plus loyal en seras vers moy
Comment te pourra porter foy
Ung estrange ne loyaulte
Quant celuy de ta parente
Sont tous et cil prochain amy
Seroyent ton mortel ennemy
Se de ton conseil rien scauoyent
Et premier ten accuseroyent
Plus pres est chemise que cotte
A ce te respons ie sans doubte
Vray est que de plus pres me doit
Ma chemise garder par droit
Et mieulx que ne feroit ma cotte
Et se ma chemise estoit route
La ou el me descouureroit
Ma cotte me recouureroit
Selle estoit bonne et sans rompture
Ainsi me seroit couuerture
Ung finamy se ie lauoye
Dung conseil se ie luy disoye
La ou mes freres et ma seur
qui auroyent vers moy faulx cueur
Me feroyent desloyaulte
Mieulx vault amour que parente
Car parens faillent au besoing
Et amys ayment de pres et de loing
Si ne dois pas auoir merueille
Saulcun homme a toy se conseille
La ou il vouldra son courage
Celer a ceulx de son lignage
Ne pas ne le dois descouurir
Ains le dois loyaulment couurir

Et conseiller en bonne foy
Par dieu dist il et ie my ottroy
Et il est bien raison et droictz
Que ie le cele en tous endroictz
Et que loyaulment le conseil
Puis quil me demande conseil
Il me dist vray la debonnaire
Mais vous ne trouueres guaire
Qui tel loyaulte face faire
Ne voſtre conseil vueille faire
Mais tout aussi legierement
Com luy direz entierement
Le fera il a aultre ouyr
Si en pourrois bien mal ouyr
Pource doit bien chascun eslire
A qui il doit son conseil dire
Et prendre exemple a lolifant
Qui vers le dragon se deffend
¶Quant la femelle de lolifant
Est au terme dauoir enfant
Au fleuue deufrate se boute
Pour le dragon quelle redoubte
Que il ne vienne a ses faons
Car sa eulx pouoit le dragon
Aduenir si les lescheroit
Et tous les enuenimeroit
Et occiroit par sa poincture
Mas il est des ardans nature
Que il ne peut eaue endurer
Et que pour eulx mieulx asseurer
Guette le maſle au riuage
Ie tiendroye celle pour sage
Qui si bien garder se scauoit
Ja du dragon garde nauroit
       ¶Lolifant qui enfante en leaue
       de paour quil a du dragon

Qui ia luy fust honte et ennuy
Qui si se garderoit de luy
Bien se garde que son amant
Retient si tresprudentement
Quil ne le faict a nully scauoir
Dont il puisse dommage auoir
Dont honte luy doiue venir
Celle qui le faict retenir
De son amy comme sage
Faict son enfantement en leaue
Car nous entendons pouruance
Par leaue en ce quelle a semblance
Du mirouer dont il aduient
Que le coulomb voulentiers se tient
Pres de leaue pour soy pouruoir
Si que il puisse a lombre veoir
Loſtour de loing si que il viengne
A sa mere ains quil le preigne
       ¶Le coulomb qui sassiet sur les
       aue pour veoir loſtour qui ne le
       preigne.

¶Donc dis ie que eaue signifie
Pouruance pource la mye
Qui vouldroit a bon port venir
De samour deuroit tenir
Son amy en telle pouruance
Quil ne cheut en desesperance
Pourquoy faire il luy sceust
Chose dont len sapperceust
Pourquoy il soit en tel mesaise
Car il est vne gent mauuaise
Plaine de mal apercepture
Il na soubz ciel maſle auenture
Dont tel gent ne soit a pensee
Ains que la chose soit passee

Sen sont ilz ia apperceuz
Maintes fins amans ont deceuz
Le pute gent de malle part
Par leur felon pugnays regart
Telz gens semblent le basilicque
Dieu leur doye le mal ydropicque
¶Basilicque a tel nature
Que seul par sa regardure
Occist sans garison auoir
Ceulx que il peult premiers veoir
Que le venin quil gette seur
Lauenime iusques au cueur

  ¶Le basilicque qui occist les
     gens par son regard.

¶Ainsi dis ie que telz gens font
Qui voyent iusques au cueur parfond
Les pensees qui sont couuertes
Si les ont tost faictes appertes
En lieu dont les amans a tort
Sont liurez a dueil et a mort
Pource seroit que franche et saige
La femme qui auroit courtaige
Dajmer son amy par amours
Se luy vouloit faire secours
Ains quil cheut en desespoir
Ne pour quant bien tost mescheoit
Luy pourroit destre trop piteuse
Car il est vne grant enuieuse
Plaine de barat et de guille
Plus variable que nest vire
qui faignent que meurent damours
Si ne sentent mal ne douloure
Et decepuent les damoyselles
Et les dames par leurs fauelles
Les traistres felons guignart

Ilz sont pis que le regnart
Regnard est si plain de tromperie
Quil nest oyseau qua luy nature
Dont tout oyseau le het en fin
Par sa guille par son engin
Et fut la compaignie aussi
Pour la grant faulcete de luy
Quant il la fin il se touille
En rouge terre et se souille
Puis se couche gueulle bayee
Langue traincte pense enuerse
Ainsi comme sil fust mort
Les oyseaulx qui le cuydent mort
quant ainsi atourne le voyent
que vif attendre ne losoyent
De luy cuydent estre asseur
Si viennent par leur grant malheur
Enuiron luy de toutes pars
Si le picquent et le regnars
Les prent aux dens deuers le chef
Si les tue et met a meschief

  ¶Le regnart qui se faict mort
    pour menger les oyseaulx

¶Les desloyaulx ainsi se faignent
Et aux dames damours se plaignent
Et dient quamour les confont
Et que ilz ament mais non font
Les dames qui plaindre les oyent
Pitie en ont et si les croyent
Et leur octroye leur soulas
Ilz les decoyuent et trahissent
Et leur bonte malleur issent
Ainsi pourrez vous de moy dire
que ie suis tout ainsi ou pire
Mais a ce vous rens ie raison

Ten le fuit par maint raison
Car les vngz le suiuent du sage
Si se iouissent du dommaige
De lost et de ceulx qui les guident
Et les autres quant ilz se baignent
En regarder ceulx qui bataillent
Et ne scauent lieu ou ilz aillent
Plus bel esbatre ne desduire
Qui ne veullent aider ne nuire
Mais oyseux sont qui nont que faire
Les autres laissent leur affaire
Pour les seigneurs suiure et seruir
Pour la grace deulx desseruir
¶ Le Vaultour suit lost par vsage
Vaultour est vng oyseau sauuaige
Plus grant assez que vne grue
De charongne vit quil mengue
Si suit les ostz pour deuorer
Les mors que il pourra trouuer
Aussi sur les femmes pour voir
Les vngz pour elles deceuoir
Ainsi com vaultour par vsage
Si ont grant ioye en leur couraige
quant nulle en peuent deceuoir
Et silz peuent du sien auoir
Ilz le rapinent a deux mains
Et les mettent du plus au mains
Dautres gens sont et plusieurs
Qui les dames prient damours
Sans elle aimer et hair
Silz nont talent delles hair
Mais nul acointer ne scauroient
Se damours ne la requeroyent
Si semblent ceulx qui vont veoir
Les ostz pour eulx esbanoyer
Les autres en bonne intencion
Les prient sans deception
Et aiment du cueur sans faintise
Et octroyent en leur seruice
Cueur et voulente sans retraire
Il semblent ceulx qui leur affaire
Laissent pour leur seigneur seruir

Pour la grace deulx desseruir
Quantes manieres doyseaulx suiuent les ostz

JE dis que ie ne vous suis mye
Pour lusage ma doulce amye
Comme vaultours pour deceuoir
Si appert que ie dye voir
Car puis que ie vous fis hommaige
Que ieusse maintes amies trouuees
Se les voulsisse auoir priees
Quilz fissent a belle chere
Ma requeste et ma priere
Franches dames gentes pucelles
Courtoises amiables et belles
Telles que deuent sur ma foy
Souffrir a plus vaillant que moy
Ie ne dis pas par ventance
Mais le dis comme loyal amant
Et ay ia le cueur en vous mis
Fermement comme loyaulx amis
Car pour riens ne le retrairoye
Nautre que vous ne prieroye
Si ay reffuse tout soulas
Pour vous qui mauez en voz latz
Dont oncques neut deduit ne ioye
Dont gueres despoir auoir doye
Mais douleur en peine et martire

Plus que ie ne pourroye dire
　　Lasne qui mengeue les chardõs

SI semble lasne qui mengeue
　　Les chardons,laisse therbe drue
Car iay laisse deduit et aise
Pour vous dont ie nay que mesaise
Mais a endurer me plaist bien
Car ie vous aime sur toute rien
Ia ne vous fauldray iour que vine
Ne pas ne vous tiens pour oysiue
Pource que nayez que faire
Ains ie y laisse tout affaire
Pour vous seruir en esperance
De deseruir voltre acointance
En amours qui iay fait hommaige
Si ay grant perte a grant dommage
Mais du tout suis en sa iustice
Et si me destraint et iustice
Quil mestent faire son vouloir
Et fait mon vice douloir
Car ie nay point de hardement
De passer son commandement
Ne que les bestes font la roue
Que le lyon fait a sa quoue
¶Le lyon est de tel haultesse
De tel valeur et de tel noblesse
Que toutes bestes le souployent
Et doutent tant quilz noseroyent
Trespasser son commandement
Si nest beste de hardement
Qua luy comparager se doye
quant le lyon veult prendre proie
Pour menger si fait vne roue
A terre au train de sa quoue
Enquoy les bestes sont encloses

Et les bestes ne sont tant folles
Que losent du cerne saillir
Lors ne peult le lyon faillir
　　Le lyon qui fait la roue de sa
　　queue pour enclorre les bestes

¶Amours tout ainsi me iustice
Desire proye a deuise
Que nay force ne hardement
De passer son commandement
Si ma conuenu sans esloigne
De laisser toute ma besongne
Pour faire la voltre seruice
Mais ie tiendroye bien a nice
La peine et la perte ou gain
De vostre amour que tant aim
Proye et guerdon en auoir
Ie ne prendroye nul auoir
En sa querre est tout mon desir
Tousiours y pense et prens plaisir
De iour et nuit quant ie sommeille
Car quant ie dors mon cueur veille
Quil vous voit en aduision
En ce ressemble le lyon
　　Le lyon qui dort a yeulx ouuers

¶Le lyon a yeulx ouuers dort
Ainsi dis ie que ia si fort
Ne dormiray ne nuict ne iour
Que ie ne pense a vostre amour
Tousiours ay le cueur esueille

Pour auoir la vostre amitie
Ne puis pour longue demouree
De vous retraire a ma pensee
Ne pour doulceur que i'e en sente
Ne pour quāt forment me tourmēte
Vostre amour de iour et de nuit
Me point souuent ⁊ fort me cuit
Mais quant amours plus me iustice
Plus loyallement son seruice
Damoure ne puis mon cueur esbatre
Se semble lours que pour esbatre
Engresse ne point ney empire
Tout ainsi puis ie de moy dire
    Lours qui engresse de batre

Ar quāt amours pl⁹ me demate
et q̄ ie pres pour vo⁹ grant peine
Plus est en moy ferme et estable
Amours et point ne m'est greuable
Car en patience la seuffre
Si m'engrieue mais moult la seuffre
Quant pour vostre seruice faire
Ay delaisse tout autre affaire
Pour auoir vostre bien vueillance
Si seuffre en bonne patience
Le mal aussi comme le bien
Pour vous que iayme sur toute rien
Certainement ie ne mens mie
Car nul amy ne peult amye
Aymer plus loyaument de cueur
Que ie faitz vous car a nul feur
Ne puis pour longue demouree
De vous retraire ma pensee
Ne pour estre en terre estrange
Mon cueur nulle fois ne se change
Tousiours vous aime loyaument
Sans faulcer mais les faulx amans

Que les dames vont deceuant
Naiment fors quant el sont deuant
Que ilz naiment fors de parolles
Si contrefont les turobolles
¶ Deux pierres sont de tel nature
Sicom tesmoigne l'escripture
Que quant ces pierres sont ensemble
Ilz gettent si grant feu quil semble
Que doiuent embraser eulx deux
quant elle sont en diuers lieux
Que lune dautre part esloigne
Si estaint le feu sans esloigne
¶ Les turoboles q alumēt lū'e lautre

¶ Les pierres ont nom turobolles
Ainsi est des faulx plains de bolles
qui les dames vont trahissant
Et par parolles vont blandissant
Car quant ilz sont auec elles
Ilz lairront passer les fauelles
Et leur monstrent pour deceuoir
Tel semblant qui nest mie voir
Quilz soyent tant damour espris
Mais ilz faulcent tost leur desirs
Car leur amour est faulce et fainte
Si est faillie et estainte
Quant ilz sont delle esloignie
Mais fine amour sans mauuaistie
Ne peult refroider ne estaindre
Car cil qui bien aime sans faindre
Loyaument de fin cueur entier
Ne peut samour entroublier
Par moy mesmes ie le scay bien
Car ie ne puis pour nulle rien
Amours entroublier nulle heure
Pour loing estre ne pour demeure
En amours est tousiours mentente

Et plus aigrement me tourmente
Amours quant ie ne vous voy mye
Que quant ie vous voy doulce amye
Comment ce ne peult estre voir
Je ne mey puis apperceuoir
Pour choses que tu saiches dire
Que tu seuffres greigneur martire
Damours quant tu ne vois la belle
Qui ta mis au cueur lestincelle
Que ton cueur fait ferir et larder
Car quant tu la peulx regarder
Car de luy salume et esprent
Le feu qui talume et esprent
Et qui plus pres est de la flamme
Et plus il salume et flambe
Vous dictes bien ie my accors
Pource nauez vous pas encors
Que pis aye quant ie la voy
que suis eslongne de soy
Vray est que de luy vient la flambe
que le cueur embrase et enflambe
Et mains de chaleur sentiroye
Se mon cueur retraire en pouoye
Mais ains sera la terre plaine
Destoilles luysans et laraine
De lamour pourra porter fruit
Et semence et les oysel tuit
Lesseront en may de chanter
Ains qui mon cueur puisse danter
A ce que de luy se retraire
Ne ie ne quier se ie bien aye
Tant est enracine ou sien
Quil ne le guerpiroit pour rien
Assez luy sent des qui luy siet
Ne men desplaist ne ne dessiet
Si menuioit rien puis il faire
Ne sen pourroye pas retraire
Car il ya prins son estage
Comme en la plus belle et saige
Et la meilleur qui soit en vie
De la guerpir nay nulle enuie
Pource nest ia la chaleur maindre

Car la flambe ne peust estaindre
Ne mon cueur ne sen peult partir
Est ce flambe ou du mens
Nenny quoy donc feu sans lumiere
Plains de tenebreuse fumee
La fumee et le feu destraint
Mais lardeur tousiours remaint
Qui le cueur mart et frit et font
Et larde et remet et font
Cest feu me faict pallir et faindre
Penser et souspirer et plaindre
Fremir trembler et tressaillir
Et plus me griefue sans faillir
La fumee qui tout men fume
que le feu qui mart et allume
Quel est le feu se dieu taist
que le feu damours anuiast
Desesperance de mercy
Dont iay le cueur triste et noircy
Car ie nattens nulle maniere
De guarison de mal que iaye
Cest la fumee qui me tue
que plus me destraint et argue
Que la chaleur du feu ardant
Entroublie toute ma mesaise
Si que de mes maulx ne me membre
Tant ma soulage de mes membre
Pour la grant beaulte de soy vis
quant ie la voy il mest aduis
Que suis en paradis terrestre
Pour vray ne vouldroye pas estre
Dedans aniou ne dans bretaigne
Dans boys de france ne despaigne
Par ainsi que ie ne veisse
La belle que dieu benisse
Quen luy veoir tant me delit
Et tant y ay ioye et delit
que de mes maulx ne me souuient
Une doulceur de luy me vient
qui de ioye me replaist
La ioye y demeure le dueil sen ist
En la doulceur que iay eue

Ce present Livre apartient a
moy Jehan Tyard Il prie bien
a ceulx oukelle qui Letrouveront
Luy rendre et vousluyferepleur

Jehan Tyard

De tant comme ie lay veue
Lors ay deduit et ieu et ioye
Tant comme luy est que ie la voye
Mais quant a partir me conuient
Ma ioye et tristesse reuient
Et tout mon desir en tourment
Le cueur me fault le cueur me fend
Pour la douleur et pour la peine
Ainsi me griefue ainsi me peine
Amours qua la belle ne voy
Plains et souspire et pense a moy
Qui pourroit ces maulx endurer
Ie ne pourroye pas durer
Si iestoye plus dur que pierre
Ne pourrois ie pas la guerre
Damours endurer lassault
que trop me guerroye et assault
Si ne scay ie par quel raison
Moult me rend aspre lunoison
Que de souspirs et de complains
De pleurs de pensers et de plains
Long desirer grant desconfort
Petit de ioye et de confort
Ceste lunoison mest trop dure
Merueille est que tant ie dure
A si griefue douleur souffrir
Comment amours me font offrir
Tel ne me la il pas promis
Quant en son seruice ma mis
quil donne deduyt et ioye
Mais bien dit que la chanteroye
Certes si ay ie vrayement
Achepte lay moult cherement
Onques ne fut mais achepte
Si cher que ne fust deliure
Paris achepta a cher Helaine
Mais au chef fut en sa demaine
Long temps a ioye en son coste
que luy eust il gueres couste
Dieu ie ne puis la mienne auoir
Si ma trop couste sans auoir
Dequoy donc ma elle couste

Se les grecz paris guerroyerent
Pour samye le comparerent
Car moult leur rendit grief bataille
Certes de moy plus cher chete
Il nest iour quamour ne massaille
Pour la mienne si ney ay point
Amours me naure amours me point
Pour celle a qui ie suis amis
Amour en grant douleur ma mis
Ses assaulx me fait tous attendre
Car ie ne puis vers luy contendre
Trop peu my vauldroit mes effors
Trop suis foible et el est fors
Et si me tient en sa prison
Iamais ie nauray guerison
Se vouloye vers luy mesprendre
Faire me doit ardoir ou pendre
Com celuy qui suis ses subiectz
En ses las ma et en ses getz
si ne ma force ne mestier cy
Mieulx vueil attendre sa mercy
que faire riens qui la courrouce
Car qui vers son seigneur regrouce
Mauuais guerdon en fin attend
Attendre me fault iusqua tant
que ma dame ait mercy de moy
Attendre dieux comment pourray
Attendre dieux en tel destresse
Amours me point amours me blesse
Dont la douleur au cueur me touche
Et plus me griefue assez la touche
que la playe qui me destraint
Quel est la touche qui trespoint
Desperance dauoir ayde
se prochainement ne mayde
Celle ou iay mamour donnee
De malheure la vie oncnee

☞ **Finis.**